the Secret

el

PODER™

the Secret

_el_ PODER

Rhonda Byrne

ATRIA ESPAÑOL

NUEVA YORK LONDRES TORONTO SÍDNEY

ATRIA ESPAÑOL

Una división de Simon & Schuster, Inc.
1230 Avenida de las Américas
Nueva York, NY 10020

Primera edición en cartoné de Atria Español, noviembre 2010

ATRIA ESPAÑOL y su colofón son sellos editoriales de Simon & Schuster, Inc.

Para obtener información respecto a descuentos especiales en ventas al por mayor, diríjase a Simon & Schuster Special Sales al 1-866-506-1949 o a la siguiente dirección electrónica: business@simonandschuster.com.

Traducido por Carlos Verdecia

Diseñado por Making Good LLC y Gozer Media P/L (Australia)

Diseños originales por Nic George por Making Good LLC

Impreso en los Estados Unidos de América

10 9 8 7 6 5 4 3 2 1

Library of Congress Cataloging-in-Publication Data

Byrne, Rhonda.
  [Power. Spanish]
  The power = El poder / Rhonda Byrne.
     p. cm.
  "El poder (Spanish edition of The Power)"
  1. Control (Psychology).   I. Title.   II. Title: Poder.
  BF611.B9718 2010
  155.2'5--dc22   2010035522

ISBN: 978-1-4516-2096-2
ISBN: 978-1-4516-2097-9 (ebook)

"Es la causa de toda perfección de todas las cosas en todo el universo".

La Tabla de Esmeralda (CIRCA 3000 AC)

Dedicado a ti

Índice

Prólogo

El 9 de septiembre de 2004 es un día que nunca olvidaré. Cuando desperté era una mañana como otra cualquiera, pero se convertiría en el día más grande de mi vida.

Al igual que la mayoría de las personas, había luchado y trabajado duro toda mi vida para sobrevivir, lidiando con dificultades y obstáculos de la mejor manera posible. Pero 2004 había sido un año especialmente fuerte para mí, y las desafiantes circunstancias me pusieron literalmente de rodillas el 9 de septiembre. Mis relaciones, mi salud, mi carrera y mis finanzas parecían estar en un estado irremediable. No podía encontrar una salida a las crecientes dificultades que me rodeaban. ¡Y entonces ocurrió!

Mi hija me entregó un libro escrito hace 150 años[1], y en los noventa minutos que me tomó leerlo, toda mi vida cambió. Entendí cómo todo había ocurrido en mi vida, e inmediatamente supe lo que tenía que hacer para cambiar

---

1 Wallace Wattles, *The Science of Getting Rich*. Este libro puede descargarse gratis del sitio web de The Secret, www.thesecret.tv.

cada circunstancia y orientarla hacia lo que yo quería. Había descubierto un secreto, un secreto que había sido transmitido a través de siglos pero que pocas personas habían logrado conocer a lo largo de la historia.

Desde ese momento, el mundo que yo veía dejó de ser el mismo. Todo lo que yo había creído acerca de cómo funcionaba la vida era exactamente lo *contrario* de lo que era en realidad. Había vivido décadas creyendo que en la vida las cosas simplemente nos ocurren. Pero ahora podía ver la increíble verdad.

Podía ver también que la mayoría de las personas no conocían este secreto, por lo cual me propuse compartirlo con el mundo. Contra todo obstáculo imaginable creé la película *El Secreto*, que se distribuyó en todo el mundo en 2006. Más tarde ese mismo año escribí el libro *El Secreto*, que me permitió compartir más sobre mi descubrimiento.

Cuando *El Secreto* se publicó, viajó a la velocidad de un relámpago y ha pasado de persona a persona a través de todo el planeta. Hoy decenas de millones de personas en todos los países del mundo han cambiado sus vidas en las formas más increíbles por haberlo conocido.

Mientras las personas aprendían a cambiar sus vidas con *El Secreto*, compartían conmigo miles de historias asombrosas, y pude apreciar con mayor profundidad las razones por las que las personas enfrentan esas dificultades en sus vidas. Y con esa comprensión me llegó el conocimiento de *El Poder*, un conocimiento que puede cambiar vidas instantáneamente.

El Secreto revela la ley de atracción, la ley más poderosa que gobierna nuestras vidas. *El Poder* contiene la esencia de todo lo que he aprendido desde que se publicó *El Secreto* en 2006. Con *El Poder* lograrás entender que lo único que se necesita es algo que cambie tus relaciones, tu dinero, tu salud, tu felicidad, tu carrera y tu vida entera.

No necesitas haber leído *El Secreto* para que *El Poder* cambie tu vida, porque todo lo que necesitas saber está contenido en *El Poder*. Si has leído *El Secreto*, entonces este libro ampliará enormemente lo que ya sabes.

Hay tanto que debes saber. Hay tanto que debes entender sobre ti y tu vida. Y es todo bueno. Es más, va más allá de ser bueno. ¡Es fenomenal!

Agradecimientos

Mi más profunda gratitud a los más extraordinarios seres humanos de la historia, quienes arriesgaron sus vidas para asegurar la preservación del conocimiento y la verdad de la vida para generaciones futuras.

Por la creación del libro *El Poder*, quiero agradecer a las siguientes personas su invaluable ayuda en lograr que este libro sea lo que es: a Skye Byrne por su fenomenal edición y, junto con Jan Child, por su orientación, su aliento, su pericia y valioso aporte; a Josh Gold por su exigente investigación científica e histórica; a Shamus Hoare de Gozer Media y Nic George por el diseño del libro; y a Nic George por su original trabajo artístico y gráfico, y su dedicación en la tarea de crear un libro poderoso y hermoso que tendrá un impacto en la vida de cada persona que lo tenga en sus manos.

Mis más profundas gracias a mi casa editorial, Simon & Schuster: a Carolyn Reidy y Judith Curr por su fe y disposición de abrir sus mentes y corazones a nuevas formas a fin de juntas poder llevar alegría a miles de millones de personas; a mi editor Leslie Meredith, que hizo posible que el proceso de edición de *El Poder* fuese una alegría completa; a los editores de texto Cecilia Molinari, Kimberly Goldstein e Isolde Sauer; y al resto del equipo de Simon & Schuster: Dennis Eulau, Lisa Keim, Eileen Ahearn, Darlene DeLillo, Twisne Fan, Kitt Reckord y Donna Loffredo por su incansable trabajo continuado.

Mi amor y gratitud a mis colegas de trabajo y amigos queridos que componen el equipo de El Secreto, por la valentía de abrir sus mentes a todas las posibilidades y superar cualquier desafío a fin de que pudiéramos traer alegría al mundo: Paul Harrington, Jan Child, Donald Zyck, Andrea Keir, Glenda Bell, Mark O'Connor, Damian Corboy, Daniel Kerr, Tim Patterson, Hayley Byrne, Cameron Boyle, Kim Vernon, Chye Lee, Lori Sharapov, Skye Byrne, Josh Gold, Nic George, Laura Jensen y Peter Byrne.

Mi agradecimiento a los abogados Michael Gardiner y Susan Seah de Gardiner Seah; mis más profundas gracias a los abogados Brad Brian y Luis Li en Munger Tolles, por su orientación y pericia, por ser un ejemplo vivo de integridad y veracidad, y por traer positivismo a mi vida.

A mis queridísimos amigos que continuamente me inspiran hacia la grandeza: Elaine Bate, Bridget Murphy, Paul Suding, Mark Weaver, Fred Nalder, Dani Hahn, Bobby Webb, James Sinclair, George Vernon, Carmen Vasquez, Helmer Largaespada, y por último sin por ello ser menos, a Angel Martin Velayos, cuya luz espiritual y fe me mueven a elevarme a nuevos niveles para poder realizar mi sueño de traer alegría a miles de millones de personas.

A mis hijas Hayley y Skye, que son mis mejores maestras y que iluminan mi vida cada día con su presencia; y a mis hermanas Pauline, Glenda, Jan y Kaye, por su inagotable amor y apoyo a través de tiempos buenos y tiempos difíciles. La súbita muerte y pérdida de nuestro padre en 2004 me condujo a descubrir El Secreto; durante el proceso de escribir *El Poder*, nuestra madre —nuestra mejor amiga— falleció, dejándonos para continuar sin ella y ser lo mejor que podamos ser, y amar incondicionalmente a fin de poder influir para que el mundo sea mejor. Desde lo profundo de mi corazón, gracias Mamá, por todo.

INTRODUCCIÓN

¡Estás llamado a tener una vida *fenomenal!*

Estás llamado a tener todo lo que amas y deseas. Tu trabajo está llamado a ser apasionante y estás llamado a lograr todo lo que quieras lograr. Tus relaciones con tu familia y amigos están llamadas a estar llenas de felicidad. Estás llamado a tener todo el dinero que necesites para vivir una vida plena y maravillosa. Estás llamado a estar viviendo tus sueños. ¡Todos! Si quieres viajar, estás llamado a viajar. Si quieres comenzar un negocio, estás llamado a comenzar un negocio. Si quieres aprender a bailar o aprender a navegar en un yate o estudiar italiano, estás llamado a hacer esas cosas. Si quisieras ser músico, científico, dueño de un negocio, inventor, artista, padre o lo que sea que quieras ser, ¡estás *llamado* a serlo!

Cuando despiertas cada día, debes sentirte lleno de emoción porque *sabes* que el día va a estar lleno de grandes cosas. Estás llamado a reírte y estar lleno de alegría. Estás llamado a sentirte fuerte y seguro. Estás llamado a sentirte contento contigo mismo y a saber que eres invaluable. Desde luego habrá desafíos en tu vida, y estás también llamado a tenerlos porque te ayudan a crecer, pero estás llamado a saber cómo superar problemas y desafíos. ¡Estás llamado a tener triunfos! ¡Estás llamado a ser feliz! ¡Estás llamado a tener una vida *fenomenal!*

No naciste para pasar trabajos. No naciste para vivir una vida en que los momentos de alegría son pocos e infrecuentes. No naciste para afanarte en tu trabajo cinco días a la semana con escasos momentos de felicidad los fines de semana. No naciste para vivir con energía limitada y sentirte cansado al final de cada día. No naciste para preocuparte o sentir miedo. No naciste para sufrir. ¿Qué sentido tendría tu vida? Estás llamado a vivir la vida en su mayor plenitud y tener todo lo que quieres y, al mismo tiempo, sentirte lleno de alegría, salud, vitalidad, emociones y amor, ¡porque esa es una vida fenomenal!

La vida de tus sueños, todo lo que te encantaría ser, hacer o tener, ha estado siempre más cerca de ti de lo que suponías, ¡porque el poder para *todo* lo que quieres está dentro de ti!

"Existe un poder supremo y una fuerza imperiosa que domina y gobierna el universo infinito. Tú eres parte de ese poder".

Prentice Mulford (1834-1891)
AUTOR DEL NUEVO PENSAMIENTO

En este libro quiero mostrarte el camino hacia una vida fenomenal. Descubrirás algo increíble sobre ti mismo, tu vida y el universo. La vida es mucho más fácil de lo que piensas y, según vayas entendiendo cómo funciona la vida y el poder que llevas dentro, experimentarás la magia de la vida en toda su plenitud. ¡Y entonces tendrás una vida fenomenal!

Ahora deja que la magia de tu vida comience.

¿QUÉ ES EL PODER?

"Lo que este poder es no lo puedo decir, lo único que sé es que existe".

Alexander Graham Bell (1847-1922)

INVENTOR DEL TELÉFONO

La vida es simple. Tu vida está hecha de sólo dos tipos de cosas: cosas positivas y cosas negativas. Cada área de tu vida —sea la salud, el dinero, tus relaciones, el trabajo o la felicidad— es positiva o negativa para ti. O tienes mucho dinero o te hace falta dinero. Estás rebosante de salud o careces de buena salud. Tus relaciones son felices o difíciles. Tu trabajo es apasionante y exitoso o ingrato y sin éxitos. O estás lleno de felicidad o no te sientes bien gran parte del tiempo. Tienes años buenos o malos, buenos o malos tiempos, días buenos o días malos.

Si tienes más cosas negativas que positivas en tu vida, entonces hay algo que no anda bien y tú lo sabes. Ves a otras personas felices y realizadas cuyas vidas están llenas de grandes cosas, y algo te dice que tú también mereces todo eso. Y tienes razón. En verdad *mereces* una vida rebosante de cosas buenas.

5

La mayoría de las personas que tienen una gran vida no se dan cuenta de qué fue exactamente lo que hicieron para lograrla. Pero algo *hicieron*. Utilizaron el poder que es la causa de todo lo bueno en la vida...

Sin excepción, cada persona que tiene una gran vida utilizó *el amor* para lograrla. ¡El poder para tener todas las cosas positivas y buenas en la vida es *el amor*!

Se ha hablado y escrito sobre el amor desde el inicio del tiempo, en cada religión y por cada gran pensador, filósofo, profeta y líder. Pero muchos de nosotros no hemos entendido verdaderamente sus sabias palabras. Aunque sus enseñanzas estaban dirigidas específicamente a personas de su época, su verdad y mensaje para el mundo sigue siendo el mismo hoy: *el amor*, porque cuando amas, estás usando el mejor poder del universo.

La fuerza del amor

"El amor es un elemento que a pesar de ser físicamente invisible es tan real como el aire o el agua. Es una fuerza activa, viva y móvil... se mueve en olas y corrientes como las del océano".

Prentice Mulford (1834-1891)
AUTOR DEL NUEVO PENSAMIENTO

El tipo de amor del que hablaban los grandes pensadores y salvadores del mundo es muy diferente de lo que la mayoría de la gente entiende por amor. Es mucho más que el amor hacia la familia, los amigos y las cosas favoritas, porque el amor no es sólo un sentimiento: el amor es una fuerza positiva. El amor no es débil, frágil o blando. ¡El amor es *la* fuerza positiva de la vida! El amor es la causa de *todo* lo positivo y bueno. No existen cien diferentes fuerzas positivas en la vida; hay una sola.

Los grandes poderes de la naturaleza, como la gravedad y el electromagnetismo, son invisibles a nuestros sentidos, pero

su poder es indiscutible. De igual manera, la fuerza del amor
es invisible para nosotros, pero su poder es ciertamente mayor
que cualquiera de los poderes de la naturaleza. La evidencia de
su poder puede verse dondequiera en el mundo: sin amor no
hay vida.

Piénsalo por un momento: ¿Qué sería el mundo sin amor?
En primer lugar, ni siquiera existirías; sin amor no podrías
haber nacido. Ninguno de tus familiares y amigos habría
nacido tampoco. Es más, no existiría un solo ser humano en
todo el planeta. Si la fuerza del amor cesara de existir hoy, toda
la raza humana disminuiría y finalmente desaparecería.

Cada invento, descubrimiento y creación humana vino del
amor en un corazón humano. Si no hubiera sido por el amor
de los hermanos Wright, no podríamos volar en un avión. Si
no hubiera sido por el amor de los científicos, inventores y
descubridores, no tendríamos electricidad, calefacción o luz,
ni pudiéramos conducir un automóvil o utilizar un teléfono,
un aparato electrodoméstico o ninguna de las tecnologías que
hacen que nuestra vida sea más fácil y cómoda hoy en día.
Sin el amor de arquitectos y constructores, no habría casas,
edificios o ciudades. Sin amor, no habría medicinas, médicos o
salas de emergencia. Tampoco maestros, escuelas o educación.
No habría libros, pinturas ni música, porque cada una de estas
cosas fue creada a partir de la fuerza positiva del amor. Mira
alrededor tuyo en este momento. Cualquier creación humana
que veas no existiría sin amor.

"Si quitas el amor, nuestra tierra es una tumba".

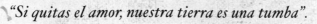

Robert Browning (1812-1889)

POETA

El amor es la fuerza que te mueve

Todo lo que quieres ser, hacer o tener viene del amor. Sin amor, ni te moverías. No habría una fuerza positiva que te mueva a levantarte por la mañana para trabajar, jugar, bailar, hablar, aprender, escuchar música o hacer cualquier otra cosa. Serías como una estatua de piedra. Es la fuerza positiva del amor lo que te inspira a moverte y te da el deseo de ser, hacer o tener cualquier cosa. La fuerza positiva del amor puede crear cualquier cosa buena, aumentar las cosas buenas y cambiar cualquier cosa negativa en tu vida. Tienes el poder sobre tu salud, tu riqueza, tu carrera, tus relaciones y cada área de tu vida. ¡Y ese poder —el amor— está dentro de ti!

Pero si tienes el poder sobre tu vida, y ese poder está dentro de ti, ¿por qué tu vida no es fenomenal? ¿Por qué no es magnífica cada área de tu vida? ¿Por qué no tienes todo lo que quieres? ¿Por qué no has podido hacer todo lo que has querido hacer? ¿Por qué no estás lleno de alegría todos los días?

La respuesta es: porque tienes opciones. Puedes escoger entre amar y aprovechar la fuerza positiva... o no. Y aunque no estés consciente de ello, cada día de tu vida —cada *momento* de tu vida— has estado escogiendo esta opción. Sin excepción, cada vez que ha ocurrido algo bueno en tu vida, has amado y aprovechado la fuerza positiva del amor. Y cada una de las veces que ha ocurrido algo que no ha sido bueno, es porque no amaste y el resultado fue la negatividad. El amor es la causa de todas las cosas buenas en tu vida, y la falta de amor es la causa de todas las cosas negativas y de todo el dolor y sufrimiento. Trágicamente, está claro que hay una falta de conocimiento y comprensión del poder del amor en las vidas de la gente en el planeta hoy, y en toda la historia de la humanidad.

"El amor es la más poderosa y aún la más desconocida energía en el mundo".

Pierre Teilhard de Chardin (1881-1955)

SACERDOTE Y FILÓSOFO

Ahora estás recibiendo el conocimiento del único poder que conduce a todas las cosas buenas en la vida, y podrás utilizarlo para cambiar tu vida entera. Pero antes, debes entender *exactamente* cómo funciona el amor.

La ley del amor

El universo está gobernado por leyes naturales. Podemos volar en un avión porque la aviación funciona en armonía con las leyes naturales. Las leyes de la física no se alteraron para que nosotros pudiéramos volar, pero encontramos una forma de trabajar en concordancia con las leyes naturales, y es por eso que podemos volar. Así como las leyes de la física gobiernan la aviación, la electricidad y la gravedad, existe una ley que gobierna el amor. Para aprovechar la fuerza positiva del amor y cambiar tu vida debes entender su ley, la más poderosa ley en el universo: la ley de atracción.

La ley de atracción es la que sostiene cada estrella en el universo —desde la más grande a la más pequeña— y da forma a cada átomo y molécula. La fuerza de atracción del Sol sostiene los planetas del sistema solar y evita que se desprendan hacia el espacio. La fuerza de atracción en la gravedad te sostiene a ti y a cada persona, animal, planta y mineral sobre la tierra. La fuerza de atracción puede verse en toda la naturaleza, desde una flor que atrae abejas o una semilla que atrae nutrientes de la tierra, hasta cada criatura viva que se siente atraída hacia otras de su misma especie. La fuerza de atracción opera a través de todos los animales en la Tierra, los peces en el mar y las aves en el cielo, y los induce a multiplicarse y formar hordas, escuelas y rebaños. La fuerza de atracción mantiene unidas las células de tu cuerpo, los materiales de tu casa y los muebles en que te sientas, y mantiene tu automóvil sobre el camino y el agua dentro de tu vaso. Cada objeto que utilizas se mantiene íntegro por la fuerza de atracción.

La atracción es la fuerza que acerca unas personas a otras. Agrupa a las personas para formar ciudades y naciones, organizaciones, clubes y sociedades en las que comparten intereses comunes. Es la fuerza que atrae a una persona hacia las ciencias y a otra hacia el arte de cocinar; es la fuerza que atrae a personas hacia varios deportes o diferentes estilos de música, hacia ciertos animales y mascotas. La atracción es la fuerza que te hala hacia tus cosas y sitios favoritos, y es la fuerza que te acerca a tus amigos y a las personas que amas.

La fuerza atractiva del amor

Entonces, ¿cuál es la fuerza de atracción? ¡La fuerza de atracción es la fuerza del amor! La atracción *es* amor. Cuando sientes una atracción hacia tu comida favorita, estás sintiendo amor por esa comida; sin atracción no sentirías nada. Todas las comidas te serían iguales. No sabrías lo que amas y lo que no amas, porque no te sentirías atraído hacia nada. No te sentirías atraído hacia otra persona, una ciudad en particular, una casa, un automóvil, un deporte, un trabajo, una música, ropa o cualquier otra cosa, ¡porque es a través de la fuerza de atracción que sientes amor!

"La ley de atracción o la ley del amor... son exactamente la misma".

Charles Haanel (1866-1949)

AUTOR DEL NUEVO PENSAMIENTO

La ley de atracción *es* la ley del amor, y es la ley todopoderosa que mantiene todo en armonía, desde las innumerables galaxias hasta los átomos. Opera en todo y a través de todo en el universo. Y es la ley que opera en tu vida.

En términos universales, la ley de atracción dice: los semejantes se atraen mutuamente. Lo que eso significa en términos sencillos para tu vida es: lo que *das*, lo *recibes* de vuelta.

Cualquier cosa que des en la vida es lo que recibes de vuelta en la vida. Cualquier cosa que des, por la ley de atracción, es exactamente lo que atraes hacia ti.

"Para cada acción existe una reacción igual y opuesta".

Isaac Newton (1643-1727)

MATEMÁTICO Y FÍSICO

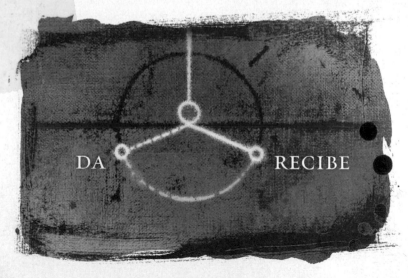

Cada acción de *dar* crea una acción opuesta de *recibir* y lo que recibes es siempre igual a lo que has dado. Cualquier cosa que des en la vida debe regresar a ti. Esa es la física y la matemática del universo.

Das positivismo, *recibes* de vuelta positivismo; *das* negatividad, *recibes* de vuelta negatividad. Das positivismo y recibes de vuelta una vida llena de cosas positivas. Das negatividad y recibes de vuelta una vida llena de cosas negativas. ¿Y cómo das positivismo y negatividad? ¡A través de tus pensamientos y tus sentimientos!

En cualquier momento estás dando pensamientos positivos o pensamientos negativos. Estás dando sentimientos positivos o sentimientos negativos. Y el que sean positivos o negativos determinará lo que recibas de vuelta en la vida. Todas las personas, circunstancias y hechos que componen cada momento de tu vida son atraídos de vuelta hacia ti a través de los pensamientos y sentimientos que estás dando. La vida simplemente no te ocurre; *recibes* todo en tu vida basado en lo que has *dado*.

> *"Dad, y se os dará... porque con la misma medida con que medís, os volverán a medir".*
>
> *Jesús* (CIRCA 5 AC-CIRCA 30 AD)
> FUNDADOR DEL CRISTIANISMO, EN LUCAS 6:38

Lo que das, lo recibes. Da ayuda y apoyo a un amigo cuando se está mudando de casa, y lo más seguro es que ayuda y apoyo regresarán a ti a la velocidad de un relámpago. Dale ira a un miembro de la familia que te ha decepcionado, y esa ira regresará también a ti revestida de las circunstancias de tu vida.

Estás creando tu vida con tus pensamientos y tus sentimientos. Cualquier cosas que piensas y sientes crea todo lo que te ocurre y todas las experiencias en tu vida. Si piensas y sientes: "Hoy tengo un día difícil y estresante", entonces atraerás hacia ti a las personas, circunstancias y hechos que harán que tu día sea difícil y estresante.

Si piensas y sientes: "La vida es muy buena conmigo", atraerás hacia ti a las personas, circunstancias y hechos que harán que la vida sea muy buena contigo.

Eres un imán

La ley de atracción te está dando indefectiblemente cada cosa en tu vida basándose en lo que das. Magnetizas y recibes las circunstancias de riqueza, salud, relaciones, trabajo y cada hecho y experiencia de tu vida basado en los pensamientos y sentimientos que das. Da pensamientos y sentimientos positivos acerca del dinero y magnetizarás circunstancias, personas y hechos positivos que te traerán dinero. Da pensamientos y sentimientos negativos acerca del dinero y magnetizarás circunstancias, personas y hechos que te provocarán una escasez de dinero.

> *"Si la humanidad ha de cumplir conscientemente la ley del amor, no lo sé. Pero eso no debe molestarme. La ley funcionará tal como funciona la ley de gravedad, aunque la aceptemos o no".*

Mahatma Gandhi (1869-1948)
LÍDER POLÍTICO INDIO

Con la misma certeza con que piensas y sientes, así te responde la ley de atracción. No importa si tus pensamientos y sentimientos son buenos o malos, los estás dando y te regresan tan automáticamente y con la misma precisión con que el eco te devuelve las palabras que pronuncias. Pero esto significa que puedes cambiar tu vida si cambias tus pensamientos y sentimientos. Da pensamientos y sentimientos positivos, ¡y cambiarás tu vida entera!

Pensamientos positivos y negativos

Tus pensamientos se componen de las palabras que escuchas en tu mente y las palabras que expresas en voz alta. Cuando le dices a alguien: "Qué día más hermoso", primero lo pensaste y luego lo expresaste en palabras. Tus pensamientos también se convierten en acciones. Cuando te levantas por la mañana, pensaste en levantarte antes de hacerlo. No puedes tomar acción alguna sin antes pensarlo.

Son tus pensamientos los que determinan si tus palabras y acciones serán positivas o negativas. Pero, ¿cómo sabes si tus pensamientos son positivos o negativos? ¡Tus pensamientos son positivos cuando piensas acerca de lo que quieres y amas! Y tus pensamientos son negativos cuando piensas lo que no quieres y no amas. Es así de simple y fácil.

Cualquier cosa que quieras en tu vida, la quieres porque la amas. Piensa en esto por un instante. Tú no quieres cosas que no amas, ¿verdad? Toda persona sólo quiere lo que ama; nadie quiere lo que no ama.

Cuando piensas o hablas de cosas que amas y te gustan como, "Me encantan esos zapatos, son bellos", tus pensamientos son positivos, y esos pensamientos positivos regresarán a ti en la forma de cosas que te gustan: unos zapatos bellos. Cuando piensas o hablas de cosas que no quieres y no te gustan como, "Mira el precio de esos zapatos, es un robo a mano armada", tus pensamientos son negativos, y esos pensamientos negativos regresarán a ti en la forma de cosas que no amas: cosas que son demasiado costosas para ti.

La mayoría de la gente piensa y habla *más* de lo que no le gusta que de lo que le gusta. Dan más negatividad que amor, y por ello se privan inadvertidamente de todas las cosas buenas de la vida.

Es imposible tener una gran vida sin amor. ¡Las personas que tienen grandes vidas piensan y hablan *más* de las cosas que aman que de las que no aman! ¡Y las personas que pasan trabajo piensan y hablan *más* de las cosas que no aman que de las cosas que aman!

> *"Una palabra nos libera de todo el peso y el dolor de la vida. Esa palabra es amor".*

Sófocles (496-406 AC)

DRAMATURGO GRIEGO

Habla de lo que amas

Cuando hablas sobre un problema de dinero, de una relación, una enfermedad o incluso de que las ganancias de tu negocio han disminuido, no estás hablando de cosas que amas. Cuando hablas de una mala noticia, o de una persona o situación que te molestó o te frustró, no estás hablando de lo que amas. Hablar del mal día que has tenido, de haber llegado tarde a una cita, haber estado estancado en tráfico o haber perdido el autobús es hablar de cosas que no amas. Hay muchas pequeñas cosas que ocurren cada día; si te ocupas de hablar de cosas que no amas, cada una de esas pequeñas cosas traerá más lucha y dificultades a tu vida.

Tienes que hablar de las buenas noticias del día. Habla de la cita que salió bien. Habla de cómo te gusta llegar a tiempo. Habla de lo bueno que es tener buena salud. Habla de las ganancias que quieres lograr en tu negocio. Habla de las situaciones e interacciones que tuviste en el día y que salieron bien. Tienes que hablar de lo que amas para que lo que amas venga a ti.

Si repites cosas negativas y te quejas de cosas que no amas, estás encerrándote literalmente como una cotorra en una jaula. Cada vez que hablas de lo que no amas, estás añadiendo una reja más a la jaula y aislándote de todo lo bueno.

Las personas que tienen grandes vidas hablan *más* de las cosas que aman. De ese modo logran un acceso ilimitado a todo lo bueno de la vida y se sienten tan libres como las aves que se remontan en el cielo. Para tener una gran vida, rompe las rejas de la jaula que te tiene encarcelado; da amor, habla sólo de las cosas que amas, ¡y el amor te hará libre!

"Y conoceréis la verdad, y la verdad os hará libres".

Jesús (CIRCA 5 AC-CIRCA 30 AD)

FUNDADOR DEL CRISTIANISMO, EN JUAN 8:32

Nada es imposible para la fuerza del amor. No importa quién eres, no importa la situación que estás enfrentando, la fuerza del amor puede hacerte libre.

Sé de una mujer que sólo con amor rompió las rejas que la tenían enjaulada. Había quedado en la pobreza y enfrentaba tener que criar a sus hijos sola después de veinte años de un matrimonio abusivo. A pesar de la extrema adversidad que enfrentaba, esta mujer nunca permitió que el resentimiento, la ira, o cualquier otro sentimiento malo se arraigara dentro de ella. Nunca hablaba negativamente de su ex esposo, sino sólo expresaba pensamientos positivos y hablaba de sus sueños de encontrar un esposo nuevo, perfecto, hermoso, y de su sueño de viajar a Europa. Aunque no tenía dinero para viajar, solicitó y obtuvo un pasaporte, y compró pequeños objetos que necesitaría en su soñado viaje a Europa.

Pues encontró a su nuevo esposo perfecto y hermoso. Y cuando se casaron, se mudaron a la casa con vista al mar que el esposo tenía en España, donde hoy viven felices.

Esta mujer rehusó hablar de lo que no amaba y optó por dar amor y pensar y hablar de lo que amaba, con lo cual se liberó de la adversidad y el sufrimiento y logró una vida hermosa.

Puedes cambiar tu vida porque tienes una capacidad ilimitada de pensar y hablar de lo que amas, ¡lo cual te da una capacidad ilimitada para traer todo lo bueno a tu vida! Sin embargo, el poder que tienes es mucho mayor que expresar palabras y pensamientos positivos sobre cosas que amas, porque la ley de atracción está respondiendo a tus pensamientos *y* a tus sentimientos. ¡Tienes que *sentir* amor para aprovechar su poder!

"El cumplimiento de la ley es el amor".

San Pablo (CIRCA 5-67)
APÓSTOL CRISTIANO, EN ROMANOS 13:10

PUNTOS DE PODER

- *El amor no es débil, frágil o blando. ¡El amor es la fuerza positiva de la vida! El amor es la causa de todo lo positivo y bueno.*

- *Todo lo que quieras ser, hacer o tener viene del amor.*

- *La fuerza positiva del amor puede crear cualquier cosa buena, aumentar las cosas buenas y cambiar cualquier cosa negativa en tu vida.*

- *Cada día, en cada momento, ejerces la opción de amar y aprovechar la fuerza positiva... o no.*

- *La ley de atracción es la ley del amor, y es la ley que está funcionando en tu vida.*

- *Cualquier cosa que des en la vida es lo que vas a recibir de vuelta. Da positivismo y recibirás de vuelta positivismo; da negatividad y recibirás de vuelta negatividad.*

- *La vida no te ocurre; recibes todo en tu vida basado en lo que has dado.*

- *Si tus pensamientos y sentimientos son buenos o malos, regresarán a ti tan automáticamente y con la misma precisión que un eco.*

- *¡Las personas que disfrutan de una gran vida piensan y hablan más de lo que aman que de lo que no aman!*

- *Habla de las buenas noticias del día. Habla de las cosas que amas. Y trae lo que amas hacia ti.*

- *Tienes una capacidad ilimitada de pensar y hablar de las cosas que amas, ¡por lo cual tienes una capacidad ilimitada de atraer todo lo bueno de la vida hacia ti!*

- *Ama, porque cuando amas estás haciendo uso del mayor poder del universo.*

EL PODER Y LOS SENTIMIENTOS

"Sentir es el secreto".

Neville Goddard (1905-1972)

AUTOR DEL NUEVO PENSAMIENTO

Eres un ser que siente

Desde el momento en que naces, siempre estás sintiendo algo, igual que los demás. Puedes interrumpir tus pensamientos conscientes cuando estás durmiendo, pero nunca puedes dejar de sentir, porque estar vivo es sentir la vida. Eres un ser que siente hasta en lo más profundo de tu ser, ¡por lo cual no es un accidente que cada parte de tu cuerpo humano haya sido creada para sentir la vida!

Tienes el sentido de la vista, oído, gusto, olfato y tacto para poder sentirlo todo en la vida. Son sentidos para "sentir" porque te capacitan para sentir lo que ves, sentir lo que oyes, sentir los sabores, sentir lo que hueles y tocas. Todo tu cuerpo está cubierto por una fina capa de piel que constituye un órgano de sentir para que puedas *sentirlo* todo.

Cómo te sientes en cada momento es más importante que todo lo demás, porque cómo te sientes en este instante está creando tu vida.

Tus sentimientos son el combustible

Tus pensamientos y palabras no tienen poder alguno en tu vida sin tus sentimientos. Muchos de los pensamientos que tienes en un día no se traducen en nada porque no producen un sentimiento fuerte dentro de ti. ¡Es lo que *sientes* lo que realmente importa!

Imagina que tus pensamientos y palabras son una especie de nave lanzacohetes, y tus sentimientos son el combustible. Una nave lanzacohetes es un vehículo estacionario que nada puede hacer sin combustible, porque el combustible es el poder que la eleva. Lo mismo ocurre con tus pensamientos y palabras. Tus pensamientos y palabras son vehículos que nada pueden hacer sin tus sentimientos, ¡porque tus sentimientos son el poder de tus pensamientos y palabras!

Si piensas: "No soporto a mi jefe", ese pensamiento expresa un fuerte *sentimiento* negativo sobre tu jefe, y estás dándole salida a ese *sentimiento* negativo. Por consiguiente, tu relación con tu jefe continuará empeorando.

Si piensas: "Tengo varios compañeros de trabajo que son fabulosos", esas palabras expresan el *sentimiento* positivo que tienes acerca de las personas con las que trabajas y estás dándole salida a ese *sentimiento* positivo. Por consiguiente, tus relaciones con tus colegas en el trabajo continuarán mejorando.

> *"Hay que apelar a las emociones para dar sentimiento al pensamiento a fin de que tome forma".*
>
> *Charles Haanel* (1866-1949)
> AUTOR DEL NUEVO PENSAMIENTO

Sentimientos buenos y malos

Como en todo lo demás en la vida, tus sentimientos pueden ser positivos o negativos; tienes sentimientos buenos o sentimientos malos. ¡Todos los sentimientos buenos vienen del amor! Y todos los sentimientos negativos vienen de la falta de amor. Mientras mejor te sientes, como cuando estás contento, mayor será el amor que das. Y mientras más amor *das*, más *recibes*.

Mientras peor te sientes, como cuando te sientes desanimado, mayor será la negatividad a la que das salida. Y mientras más negatividad das, más negatividad recibes de vuelta en la vida. La razón por la que los sentimientos negativos te hacen sentir tan mal es que *el amor* es la fuerza positiva de la vida, ¡y los sentimientos negativos no contienen mucho amor!

Mientras mejor te sientes, mejor se pone la vida.

Mientras peor te sientes, peor se pone la vida... hasta que cambias tu manera de sentir.

Cuando te sientes bien, automáticamente tus pensamientos son buenos también. ¡No puedes sentirte bien y al mismo tiempo tener pensamientos negativos! De igual manera, es imposible para ti sentirte mal y al mismo tiempo tener buenos pensamientos.

Cómo te sientes es una reflexión exacta, una medida precisa del más alto grado de lo que estás dando en cualquier momento. Cuando te sientes bien, no tienes que preocuparte de ninguna otra cosa porque tus pensamientos, palabras y acciones serán buenos. Simplemente por sentirte bien tienes la garantía de estar dando amor, ¡y todo ese amor tiene que regresar a ti!

Sentirse bien significa sentirse bien

La mayoría de las personas entienden cómo se siente uno cuando se siente bien o muy mal, pero no se dan cuenta de que viven con sentimientos negativos durante mucho tiempo. Piensan que sentirse mal significa sentir una negatividad extrema, como la tristeza, el duelo, la ira o el miedo, pero, aunque sentirse mal incluye todos esos sentimientos, los sentimientos negativos se producen en muchos grados.

Si te sientes "más o menos bien" la mayor parte del tiempo, puedes pensar que sentirse "más o menos bien" es un sentimiento positivo porque no te sientes realmente mal. Si te has estado sintiendo realmente mal y ahora te sientes más o menos bien, es mucho mejor que sentirse muy mal. Pero sentirse más o menos bien la mayor parte del tiempo es un sentimiento negativo, porque sentirse más o menos bien no es sentirse bien. ¡Sentirse bien significa sentirse bien! Los sentimientos buenos significan que eres feliz, estás contento, emocionado, entusiasmado o apasionado. Cuando te sientes más o menos bien, promedio o no estás sintiendo mucho de nada, ¡entonces tu vida estará más o menos bien, promedio o sin mucho de nada! Esa no es una buena vida. Los buenos sentimientos significan que te sientes muy bien, ¡y sentirte muy bien es lo que te trae una vida muy buena!

"La medida del amor es el amor sin medida".

San Bernardo De Clairvaux (1090-1153)

MONJE Y MÍSTICO CRISTIANO

Cuando estás contento, estás generando alegría y recibirás de vuelta experiencias alegres, situaciones de gozo y gente contenta dondequiera que vas. Desde la más pequeña experiencia de escuchar tu canción favorita en la radio hasta experiencias mayores de recibir un aumento de sueldo, todas las circunstancias que vives constituyen la ley de atracción respondiendo a tu sentimiento de alegría. Cuando te sientes irritado, estás dando irritación y recibirás de vuelta experiencias irritables, situaciones irritables y personas irritables dondequiera que vas. Desde la pequeña irritación de un mosquito hasta la irritación mayor de que se te dañe el automóvil, todas estas experiencias constituyen la ley de atracción respondiendo a tu irritación.

Cada sentimiento bueno te une a la fuerza del amor, porque el amor es la fuente de todos los sentimientos buenos. Los sentimientos de entusiasmo, emoción y pasión vienen del amor, y cuando sientes alguno de estos sentimientos de manera constante, te dan una vida llena de cosas entusiastas, emocionantes y apasionadas.

Puedes aprovechar al máximo el poder de un buen sentimiento subiéndole el volumen. Para subirle el volumen a un sentimiento toma control sobre él y de manera deliberada intensifícalo para sentirte lo mejor posible. Para amplificar el entusiasmo, deléitate en el sentimiento de entusiasmo; ¡aprovéchalo al máximo sintiéndolo con intensidad! Cuando sientes pasión o emoción, deléitate en esos sentimientos e intensifícalos con la mayor profundidad posible. Mientras más amplificas tus buenos sentimientos, mayor será el amor que das, y los resultados que recibirás de vuelta en tu vida no serán menos que espectaculares.

Cuando estás sintiendo algún sentimiento bueno, puedes amplificarlos buscando cosas que amas. Antes de sentarme a escribir este libro, utilizaba varios minutos cada día amplificando mis buenos sentimientos. Para amplificar mis buenos sentimientos, pensaba en las cosas que amo. Contaba incesantemente las cosas que amo una detrás de otra: mi familia, mis amigos, mi hogar, las flores del jardín, el tiempo, los colores, las situaciones, los hechos y las cosas que amo que ocurrieron durante la semana, el mes o el año. Continué haciendo una lista mental de todas las cosas que amo hasta que me sentí fenomenal. Entonces me senté a escribir. Así de fácil es amplificar tus buenos sentimientos, y lo puedes hacer dondequiera, a cualquier hora.

Tus sentimientos reflejan lo que estás dando

Ahora mismo puedes saber si en las áreas principales de tu vida has estado dando más sentimientos buenos o más sentimientos malos. La manera en que te *sientes* acerca de cada tema en tu vida —como el dinero, la salud, tu trabajo y cada relación individual— es un reflejo exacto de lo que has estado dando en cada una de esas áreas.

Cuando piensas en el dinero, tus sentimientos reflejan lo que estás dando en ese tema. Si te sientes mal cuando piensas en dinero porque no tienes suficiente, debes recibir de vuelta circunstancias y experiencias negativas sobre la falta de suficiente dinero, porque ése es el sentimiento negativo que estás dando.

Cuando piensas en tu trabajo, tus sentimientos te dicen lo que has estado dando en ese tema. Si te sientes bien acerca de tu trabajo, debes recibir de vuelta circunstancias y experiencias positivas, porque ése es el sentimiento positivo que estás dando. Cuando piensas en tu familia, tu salud o cualquier otro tema de importancia para ti, tus sentimientos te dicen lo que estás dando.

"Ten cuidado con tus estados de ánimo y tus sentimientos, pues existe una conexión intacta entre tus sentimientos y tu mundo visible".

Neville Goddard (1905-1972)
AUTOR DEL NUEVO PENSAMIENTO

La vida no te está ocurriendo; la vida te está *respondiendo*. ¡La vida es una decisión tuya! Cada área de tu vida es una decisión tuya. Tú eres el creador de tu vida. Tú eres el que escribe la historia de tu vida. Tú eres el director de la película de tu vida. Tú decides lo que será tu vida por lo que das.

Hay un número infinito de niveles de buenos sentimientos que puedes tener, lo cual significa que no hay límite para las cimas que puedes alcanzar en tu vida. Hay también muchos niveles de sentimientos malos que se vuelven más y más negativos. Pero para los sentimientos malos hay un fondo límite más allá del cual no puedes tolerar, lo cual te obliga a escoger otra vez sentimientos buenos.

No es casualidad o accidente que los sentimientos buenos te hacen sentir fenomenal y los malos te hacen sentir muy mal.

El amor es el poder supremo que gobierna la vida, y te llama y te atrae a través de tus buenos sentimientos para que tengas la vida que estás llamado a vivir. El amor también te llama mediante tus sentimientos malos, ¡porque ellos te dicen que estás desconectado de la fuerza positiva de la vida!

Todo tiene que ver con la manera en que te sientes

Todo en la vida tiene que ver con la manera en que te sientes. Cada decisión que tomas en tu vida está basada en la manera en que te sientes. ¡Son tus sentimientos el poder motivador único de toda tu vida!

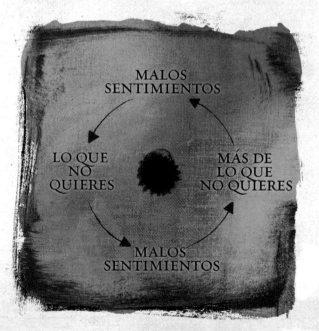

MALOS
SENTIMIENTOS

LO QUE
NO
QUIERES

MÁS DE
LO QUE
NO QUIERES

MALOS
SENTIMIENTOS

Lo que quieres en la vida lo quieres porque lo amas y porque te hará *sentir* bien. Lo que no quieres en tu vida no lo quieres porque te hará *sentir* mal.

Quieres salud porque estar saludable te hace sentir bien, mientras que estar enfermo te hace sentir mal. Quieres dinero porque te hace sentir bien comprar y hacer las cosas que amas, mientras te hace sentir mal cuando no puedes hacerlo. Quieres tener relaciones felices porque te hacen sentir bien, mientras que las relaciones difíciles te hacen sentir mal. Quieres

felicidad porque te hace sentir bien, mientras que ser infeliz te hace sentir mal.

¡Todas las cosas que quieres están motivadas por los buenos sentimientos que te traen! ¿Y cómo recibes las cosas buenas que quieres en tu vida? ¡Mediante buenos sentimientos! Los dólares te quieren. La salud te quiere. La felicidad te quiere. ¡Todas las cosas que amas te quieren! Están ansiosas de entrar en tu vida, pero tienes que dar buenos sentimientos para que te lleguen. No tienes que esforzarte y luchar para cambiar las circunstancias de tu vida; lo único que tienes que hacer es dar amor mediante buenos sentimientos, ¡y lo que deseas aparecerá!

Tus buenos sentimientos aprovechan la fuerza del amor, el poder para todo lo bueno de la vida. Tus buenos sentimientos te dicen que ése es el camino hacia lo que quieres. Tus buenos sentimientos te dicen que cuando te sientes bien, ¡la vida será buena! ¡Pero primero tienes que dar buenos sentimientos!

Si te has pasado la vida diciéndote: "Voy a ser feliz cuando tenga una casa mejor", "Voy a ser feliz cuando tenga trabajo o reciba una promoción", "Voy a ser feliz cuando mis hijos terminen sus estudios universitarios", "Voy a ser feliz cuando tengamos más dinero", "Voy a ser feliz cuando pueda viajar" o "Voy a ser feliz cuando mi negocio tenga éxito", nunca vas a tener esas cosas porque tus pensamientos están desafiando la manera en que el amor funciona. Están desafiando la ley de atracción.

¡Tienes que ser feliz primero, y *dar* felicidad, para *recibir* cosas felices! No puede ocurrir de otra manera, porque lo que deseas *recibir* en la vida, ¡tienes que *darlo* primero! Tienes control sobre tus sentimientos, tienes control sobre tu amor, y la fuerza del amor te devolverá todo lo que das.

PUNTOS DE PODER

- *Lo que sientes en un momento determinado es más importante que todo lo demás, porque la manera en que te sientes ahora está creando tu vida.*

- *Tus sentimientos constituyen el poder de tus pensamientos y palabras. ¡Lo que sientes es lo que importa!*

- *¡Todos los sentimientos buenos vienen del amor! Todos los sentimientos negativos vienen de la falta de amor.*

- *Cada sentimiento bueno te une a la fuerza del amor, porque el amor es la fuente de todos los buenos sentimientos.*

- *Amplifica tus buenos sentimientos pensando en todas las cosas que amas. Cuenta incesantemente las cosas que amas, una tras otra. Sigue haciendo una lista de todo lo que amas hasta que te sientas fenomenal.*

- *La manera de sentirte acerca de cada área de tu vida es un reflejo exacto de lo que has estado dando en cada área.*

- *La vida no te está ocurriendo ¡la vida te está respondiendo! Cada tema de tu vida es decisión tuya y decides todo en la vida mediante lo que das.*

- *Existen niveles infinitos de buenos sentimientos que puedes sentir, lo cual significa que no hay límite a las cimas de la vida que puedes recibir.*

- *¡Todas las cosas que amas te desean! Los dólares te desean. La salud te desea. La felicidad te desea.*

- *No luches por cambiar las circunstancias de tu vida. ¡Da amor a través de tus buenos sentimientos y lo que deseas aparecerá!*

- *Primero tienes que dar buenos sentimientos. Tienes que primero ser feliz, y dar felicidad, para recibir cosas felices! ¡Cualquier cosa que quieras recibir en la vida, tienes que darla primero!*

SENTIR LAS
FRECUENCIAS

Si puedes sentirlo, puedes recibirlo

Todo en el universo es magnético y todo tiene una frecuencia magnética. Tus sentimientos y pensamientos también tienen frecuencias magnéticas. Los buenos sentimientos significan que estás en una frecuencia positiva de amor. Los malos sentimientos significan que estás en una frecuencia negativa. Cualquier cosa que sientas, sea buena o mala, determina tu frecuencia, ¡y como un imán, atraes a personas, hechos y circunstancias que están en la misma frecuencia!

Si te sientes entusiasmado, tu frecuencia de entusiasmo atraerá a personas, situaciones y hechos entusiastas. Si sientes miedo, tu frecuencia de miedo atraerá hacia ti a personas, situaciones y hechos que causan miedo. ¡Nunca tendrás duda sobre la frecuencia en que estás porque tu frecuencia refleja siempre exactamente lo que estás pensando! Puedes cambiar tu frecuencia en cualquier momento cambiando la manera de sentirte, y todo alrededor tuyo cambiará porque estarás en una nueva frecuencia.

Puedes plantearte cualquier situación en tu vida, y cualquier posible desenlace de esa situación puede ocurrir. ¡Cualquier desenlace puede ocurrir porque puedes tener cualquier sentimiento acerca de la situación!

Una relación puede estar en una frecuencia feliz, alegre, emocionante, satisfactoria y de todo sentimiento bueno. Una relación puede también estar en una frecuencia aburrida, frustrante, preocupante, resentida, deprimida y de todo sentimiento malo. ¡Esa relación puede tener cualquier desenlace! Y la manera en que te sientes determina exactamente lo que ocurrirá en esa relación. Cualquiera que sea el sentimiento que estés dando acerca de la relación es exactamente lo que recibirás de vuelta. Si te sientes contento acerca de la relación la mayor parte del tiempo, estás dando amor, y debes recibir de vuelta alegría en torno a la relación porque ésa es la frecuencia en que estás.

"Un cambio de sentimiento es un cambio de destino".

Neville Goddard (1905-1972)
AUTOR DEL NUEVO PENSAMIENTO

Mira la lista de frecuencias de sentimientos y verás que cualquiera que sea el tema de tu vida, hay muchas frecuencias diferentes de sentimientos. ¡Y eres tú quien determina el desenlace de cada tema mediante tu manera de sentirte!

amor

gratitud   alegría

pasión

emoción

entusiasmo

esperanza

satisfacción

aburrimiento

irritación

decepción

preocupación

críticas

ira

odio

envidia

culpa

desesperación

miedo

Puedes sentirte emocionado, feliz, alegre, esperanzado, preocupado, temeroso o deprimido acerca del dinero. Puedes sentirte extático, apasionado, bendecido, desalentado o ansioso acerca de tu salud. Estas son todas frecuencias diferentes de sentimientos, y cualquiera que sea la frecuencia de sentimiento en que estés, así será lo que recibirás.

Tal vez quieres viajar, pero si te sientes decepcionado por no tener dinero para hacerlo, entonces en el área de viajes te vas a sentir decepcionado. Sentirte decepcionado significa que estás en una frecuencia de decepción, y continuarás recibiendo circunstancias decepcionantes en las cuales no podrás viajar hasta que cambies la manera de sentirte. La fuerza del amor alterará cada circunstancia para que viajes, pero tienes que estar en una de las frecuencias de sentimientos buenos para recibirla.

Cuando cambias tu manera de sentir acerca de una situación, estás proyectando un sentimiento diferente, estás en una frecuencia diferente de sentimiento, y la situación *debe* cambiar para reflejar tu nueva frecuencia. Si algo negativo ha ocurrido en tu vida, puedes cambiarlo. Nunca es demasiado tarde, porque siempre puedes cambiar la manera de sentirte. Para recibir lo que amas, para cambiar cualquier cosa en lo que amas, no importa lo que sea, ¡*lo único* que hace falta es cambiar la manera de sentirte!

*"Si quieres encontrar los secretos del Universo, piensa
en términos de energía, frecuencia y vibración".*

Nikola Tesla (1856-1943)

INVENTOR DE LA RADIO Y LA CORRIENTE ALTERNA

Desconecta tus sentimientos del piloto automático

Muchas personas no conocen el poder de los sentimientos,
y por ello sus sentimientos son reacciones o respuestas a
lo que les ocurre. Han puesto sus sentimientos en piloto
automático, en lugar de asumir deliberadamente control sobre
ellos. Cuando algo bueno ocurre, se sienten bien. Cuando
algo malo ocurre, se sienten mal. No se dan cuenta de que
sus sentimientos son la *causa* de lo que les está ocurriendo.
Cuando reaccionan con sentimientos negativos a algo que ha
ocurrido, *dan* más sentimientos negativos, y *reciben* de vuelta
más circunstancias negativas. Quedan atrapados en un ciclo de
sus propios sentimientos. Sus vidas giran en círculos sin llegar
a ninguna parte, como un hámster en una rueda, porque no se
dan cuenta de que para cambiar sus vidas, ¡tienen que cambiar
sus frecuencias de sentimientos!

*"Lo que importa no es lo que te ocurre a ti, sino cómo
reaccionas ante el hecho".*

Epicteto (55-135)

FILÓSOFO GRIEGO

Si no tienes suficiente dinero, naturalmente no te sientes bien acerca del dinero, pero el dinero en tu vida nunca cambiará mientras no te sientas bien acerca de él. Si das sentimientos negativos acerca del dinero, estás en una frecuencia negativa acerca del dinero y recibirás de vuelta circunstancias negativas, como cuentas grandes que pagar o cosas que se dañan, todas circunstancias que te drenan el dinero. Cuando reaccionas con sentimientos negativos hacia una cuenta grande, das más sentimientos negativos acerca del dinero, lo cual a su vez trae aun más circunstancias negativas que te drenan más dinero.

Cada segundo es una oportunidad para cambiar tu vida, porque en cualquier momento puedes cambiar tu manera de sentir. No importa lo que hayas sentido antes. No importan los errores que piensas que puedes haber cometido. Cuando cambias la manera de sentir, entras en una frecuencia diferente, ¡y la ley de atracción responde instantáneamente! Cuando cambias tu manera de sentir, ¡el pasado desaparece! Cuando cambias la manera de sentir, tu vida cambia.

"No desperdicies un solo momento lamentándote, pues pensar con sentimientos acerca de los errores del pasado es reinfectarte".

Neville Goddard (1905-1972)
AUTOR DEL NUEVO PENSAMIENTO

Para la fuerza del amor no hay excusas

Si tu vida no está llena de todo lo que amas, no quiere decir que tú no seas una persona buena y amable. El propósito de la vida de cada uno de nosotros es superar la negatividad optando por el amor. El problema es que la mayoría de las personas aman y luego dejan de amar cientos de veces al día. No ofrecen amor durante suficiente tiempo para que la fuerza del amor introduzca todas las cosas buenas en sus vidas. Piensa en esto. En un momento das amor abrazando a un ser querido, y entonces dejas de dar amor en cuestión de minutos cuando te disgustas porque no puedes encontrar las llaves o estás demorado en tráfico o no encuentras estacionamiento. Das amor cuando te ríes con un colega de trabajo, y dejas de darlo cuando te decepcionas porque en la cafetería local donde almuerzas se ha terminado un plato que quieres. Das amor esperando el fin de semana, y dejas de darlo cuando recibes tus cuentas. Y así es el día entero; das amor y dejas de dar amor, das amor y dejas de dar amor, das amor y dejas de dar amor, momento tras momento.

O estás dando amor y aprovechando la fuerza del amor, o no. No puedes aprovechar la fuerza del amor usando una excusa por no haber amado. Las excusas y las justificaciones por no amar sólo añaden más negatividad a tu vida. Cuando das una excusa por no haber amado, igual estás sintiendo negatividad otra vez, ¡y estás dando más de ella!

"Retener la ira es igual que recoger un carbón caliente con la intención de lanzárselo a alguien; tú eres el que te quemas".

lanzárselo

Gautama Buda (563-483 AC)

FUNDADOR DEL BUDISMO

Si te enojas porque hubo una confusión sobre la hora de una cita y culpas a la otra persona por el error, estás usando la culpa como excusa para no dar amor. Pero la ley de atracción sólo recibe lo que *tú* estás dando, así que si estás dando culpabilidad, debes recibir circunstancias de culpa de vuelta en tu vida. No necesariamente te regresará de la persona a la que estás culpando, pero con toda seguridad recibirás una circunstancia de culpa. Para la fuerza del amor no hay excusas. Recibes lo que das, punto.

fuerza

Cada pequeña cosa está incluida

Culpar, criticar, señalar errores y quejarse son todas formas de negatividad. Todas traen muchos conflictos. Con cada pequeña queja y por cada momento en que criticas algo, estás dando negatividad. Las quejas sobre el tiempo, el tráfico, el gobierno, tu pareja, tus hijos, tus padres, las largas filas, la economía, la comida, tu cuerpo, tu trabajo, los clientes, los negocios, los precios, el ruido o el servicio parecen pequeñas cosas inofensivas, pero traen de vuelta consigo una cantidad enorme de negatividad.

Elimina de tu vocabulario palabras como *terrible, horrible,* *repugnante* y *espantoso*, porque cuando dices estas palabras, vienen con sentimientos fuertes. Cuando las dices deben regresar a ti, ¡lo cual significa que estás poniéndole esas etiquetas a tu vida! ¿No crees que sería una buena idea usar más palabras como *fantástico, fenomenal, fabuloso, brillante* y *maravilloso?*

Puedes tener todo lo que amas y quieres, pero tienes que estar en armonía con el amor, y eso quiere decir que no hay excusas para no dar amor. Las excusas y justificaciones te impiden recibir todo lo que quieres. Te impiden tener una vida fenomenal.

"Todo lo que enviamos a las vidas de los demás
regresa a la nuestra".

Edwin Markham (1852-1940)

POETA

No asocias tu queja ante el empleado de una tienda con la llamada de un vecino que recibes pocas horas después quejándose de que tu perro está ladrando. No asocias tu almuerzo con un amigo en el que hablas negativamente de un amigo común con el hecho de que al regresar al trabajo descubres que han surgido problemas con tu principal cliente. No asocias tu conversación durante la cena sobre una noticia negativa con el hecho de que esa noche no puedes dormir porque te sientes mal del estómago.

No asocias el hecho de detenerte a ayudar a alguien que ha dejado caer algo en la calle con el estacionamiento que encuentras diez minutos después junto a la entrada del supermercado. No asocias la ayuda que alegremente le das a tu hijo con sus tareas con la noticia que recibes al día siguiente de que la devolución de tu declaración de impuestos es mayor de lo que pensabas. No asocias el favor que le haces a un amigo con las dos entradas gratis para un juego que te regala tu jefe esa misma semana. En cada circunstancia y momento de tu vida estás recibiendo lo que das, aunque asocies una cosa con la otra o no.

> *"Nada viene de afuera. Todas las cosas vienen de adentro".*
>
> *Neville Goddard* (1905-1972)
> AUTOR DEL NUEVO PENSAMIENTO

La balanza a tu favor

Si das más del 50% de pensamientos y sentimientos positivos en lugar de negativos, has alcanzado un punto a tu favor. Aunque sólo des el 51% de buenos pensamientos y sentimientos, ¡has inclinado la balanza a tu favor en tu vida! Y la razón es la siguiente:

Cuando das amor, no sólo te regresa en la forma de circunstancias positivas que amas, pero al regresar, ¡añade aún *más* amor y positivismo a tu vida! El nuevo positivismo atrae entonces más cosas positivas, añadiendo aún *más* amor y positivismo a tu vida, y así sucesivamente. Todo es magnético, y cuando algo bueno te llega, atrae magnéticamente más cosas buenas.

Puedes haber tenido esta experiencia cuando, al ocurrirte una cosa buena tras otra, lo atribuiste a una "racha de suerte" o "vientos a favor", y las cosas continuaron sucediendo. La única razón por la que esas cosas ocurrieron fue porque habías dado más amor que negatividad, y al regresar a ti el amor, añadió más amor a tu vida, lo cual a su vez atrajo aún más cosas buenas.

Puedes también haber tenido la experiencia contraria cuando todo te fue mal, y entonces otras cosas comenzaron a salir mal, una tras otra. Esas veces ocurrieron porque diste más negatividad que amor, y al regresar a ti la negatividad, añadió más negatividad a tu vida, lo cual a su vez atrajo aún más cosas negativas. Puedes haber calificado esas ocasiones como "una racha de mala suerte", pero no tenían absolutamente nada que ver con la suerte. La ley de atracción estaba funcionando con precisión en tu vida, y esas ocasiones, buenas o malas, eran simplemente un reflejo del porcentaje de amor o negatividad que estabas dando. La única razón por la que la "racha de buena suerte" y la "racha de mala suerte" cambiaron es que, en algún momento, inclinaste la balanza en sentido contrario mediante tus sentimientos.

"*Es así que puedes tener una vida encantadora y estar protegido para siempre de todo daño; es así que puedes convertirte en una fuerza positiva mediante la cual las condiciones de opulencia y armonía puedan ser atraídas hacia ti*".

Charles Haanel (1866-1949)

AUTOR DEL NUEVO PENSAMIENTO

Para cambiar tu vida, lo único que tienes que hacer es inclinar la balanza a tu favor dando el 51% de amor a través de tus buenos pensamientos y buenos sentimientos. Una vez que alcances ese punto a tu favor, dando más amor que negatividad, el amor que te regresa se multiplica y entonces atrae más amor a través de la ley de atracción. ¡De repente percibes una aceleración y multiplicación de cosas buenas! En lugar de más cosas negativas regresándote y multiplicándose, ahora tienes más cosas buenas regresándote y multiplicándose en cada área de tu vida. Y así se supone que sea tu vida.

Cuando despiertas cada mañana, estás parado en la balanza de tu día. Un lado te lleva a tener un día maravilloso lleno de cosas buenas, y el otro te lleva a tener un día lleno de problemas. Tú eres el que determina lo que va a ser tu día ¡mediante la manera de sentirte! Lo que sientes es lo que das, y con toda certeza eso es exactamente lo que recibirás de vuelta en tu día, acompañándote adondequiera que vayas.

Si al comenzar tu día te sientes feliz, mientras continúes sintiéndote feliz, ¡tu día será formidable! Pero si comienzas el día de mal humor, y no haces nada por cambiarlo, tu día no va a ser nada bueno.

Un día de buenos sentimientos no sólo te cambia el día, ¡te cambia el día de mañana y el resto de tu vida! Siempre que mantengas tus buenos sentimientos y te vayas a la cama sintiéndote bien, comenzarás el siguiente día con un impulso de buenos sentimientos. Según continúes sintiéndote bien lo más que puedas, tus buenos sentimientos continuarán multiplicándose por la ley de atracción, y así será día tras día y tu vida mejorará más y más.

"Vive hoy. No ayer. No mañana. Sólo hoy. Habita tus momentos. No los pospongas para mañana".

Jerry Spinelli (N. 1941)
AUTOR PARA NIÑOS

Son muchas las personas que no viven para el día de hoy. Están totalmente abrumadas por el futuro y, sin embargo, es nuestra manera de vivir *hoy* la que crea el futuro. Es lo que sientes *hoy* lo que importa, porque es lo *único* que determina tu futuro. Cada día es una oportunidad para una nueva vida, porque cada día te paras sobre la balanza de tu vida. Y cualquier día determinado puedes cambiar el futuro mediante tu manera de sentirte. Cuando inclinas la balanza hacia los buenos sentimientos, la fuerza del amor cambiará tu vida con tanta rapidez que apenas lo vas a creer.

PUNTOS DE PODER

- *Todo en el universo es magnético y todo tiene una frecuencia magnética, incluidos tus pensamientos y sentimientos.*

- *Lo que sientes, sea bueno o malo, determina tu frecuencia, y atraes a personas, hechos y circunstancias que están en la misma frecuencia.*

- *Cambia tu frecuencia en cualquier momento cambiando la manera de sentirte, y todo alrededor tuyo cambiará porque estás en una nueva frecuencia.*

- *Si algo negativo ha ocurrido en tu vida, puedes cambiarlo. Nunca es demasiado tarde, porque siempre puedes cambiar la manera de sentirte.*

- *Muchas personas ponen sus sentimientos en piloto automático; sus sentimientos son reacciones a lo que les ocurre. Sin embargo, no se dan cuenta de que sus sentimientos son la causa de lo que les ocurre.*

- *Para cambiar cualquier cosa —sean las circunstancias de dinero, salud, relaciones o cualquier otro tema— ¡tienes que cambiar tu manera de sentir!*

- *Culpar, criticar, señalar errores y quejarse son todas formas de negatividad y no traen más que conflictos.*

- *Elimina de tu vocabulario palabras como terrible, horrible, repugnante, y espantoso. Usa más palabras como fantástico, fenomenal, fabuloso, brillante y maravilloso.*

- *Aunque sólo des el 51% de buenos pensamientos y sentimientos, ¡has inclinado a tu favor la balanza de tu vida!*

- *Cada día es una oportunidad para una nueva vida. Cada día te paras sobre la escala de tu vida. Y en cualquier momento dado puedes cambiar el futuro mediante cómo te sientes.*

EL PODER Y
LA CREACIÓN

"Cada momento de tu vida es infinitamente creativo y la abundancia del Universo es inagotable. Simplemente presenta una solicitud con suficiente claridad, y todo lo que tu corazón desee debe llegarte".

Shakti Gawain (N. 1948)
AUTOR

En los próximos capítulos aprenderás lo fácil que es aprovechar la fuerza del amor en cuestiones de dinero, salud, carrera, negocios y relaciones. Con este conocimiento, podrás cambiar tu vida para lo que quieres.

Para atraer hacia ti un deseo específico, sigue los simples pasos del Proceso de Creación. Ya sea para traerte algo que quieres o para cambiar algo que no quieres, el proceso es siempre el mismo.

El Proceso Creativo

Imagínalo. Siéntelo. Recíbelo.

1. IMAGINA

Usa tu mente para concentrarte e imaginar lo que deseas. Imagina que *estás* con lo que deseas. Imagínate *haciendo* cosas con lo que deseas. Imagina que *tienes* lo que deseas.

2. SIENTE

Al mismo tiempo que imaginas, debes *sentir* amor hacia lo que estás imaginando. Debes imaginar y *sentir* que estás con lo que deseas. Debes imaginar y *sentir* que haces cosas con lo que deseas. Debes imaginar y *sentir* que tienes lo que deseas.

Tu imaginación te conecta con lo que quieres. Tu deseo y tus sentimientos de amor crean el magnetismo, el poder magnético, y atraen el deseo hacia ti. Esto completa tu participación en el Proceso Creativo.

3. RECIBE

La fuerza del amor funcionará a través de las fuerzas visibles e invisibles de la naturaleza para traerte lo que deseas. Utilizará circunstancias, hechos y personas para darte lo que amas.

Cualquier deseo que tengas debes desearlo con todo tu corazón. El deseo *es* amor, y a menos que tengas un deseo ardiente en tu corazón, no tendrás suficiente poder para aprovechar la fuerza del amor. Tienes que realmente desear lo que quieres, tal como un atleta desea practicar un deporte, un bailarín desea bailar y un pintor desea pintar. Debes desear lo que quieres con todo tu corazón porque el deseo es un sentimiento de amor, ¡y debes dar amor para recibir lo que amas!

Cualquier cosa que quieras ser en tu vida, cualquier cosa que quieras hacer en tu vida, cualquier cosa que quieras tener en tu vida, el Proceso Creativo es el mismo. Da amor para recibir amor. Imagínalo. Siéntelo. Recíbelo.

Cuando utilices el Proceso Creativo, imagina y siente que ya tienes lo que quieres y nunca te desvíes de esa posición. ¿Por qué? Porque la ley de atracción copia lo que das, ¡y tienes que imaginar y sentir que ya lo tienes!

Si quieres bajar de peso, entonces da amor imaginándote y sintiéndote con el cuerpo que te gustaría tener, en lugar de imaginar y sentir todos los días que tienes sobrepeso. Si quieres viajar, entonces da amor imaginándote y sintiéndote de viaje, en lugar de imaginar cada día que no tienes dinero para viajar. Si quieres superarte practicando un deporte, actuando, cantando, tocando un instrumento musical, en un pasatiempo o en tu trabajo, entonces da amor a lo que quieres ser imaginando y sintiendo lo que te gustaría ser. Si quieres que tu matrimonio mejore o tener una mejor relación con alguien, entonces da amor imaginando y sintiendo cómo sería tener ese tipo de relación.

*"La fe es creer lo que aún no ves; y la recompensa de
esta fe es ver lo que crees".*

San Agustín De Hippo (354-430)
TEÓLOGO Y OBISPO

Cuando comienzas a trabajar con el Proceso Creativo,
tal vez quieras empezar atrayendo algo inusual. Cuando
específicamente atraes algo inusual, no vas a tener duda alguna
de tu poder cuando lo recibas.

Una joven comenzó optando por atraer una flor específica,
una azucena blanca. Se imaginó con la flor en su mano, oliendo
la flor y sintió que poseía esa azucena. Dos semanas después
fue a cenar a la casa de una amiga y allí, en el centro de la
mesa, había un buqué de azucenas blancas, exactamente la flor
que había imaginado. Se sintió emocionada al ver las azucenas,
pero no le dijo nada a la amiga acerca de su flor imaginada.
Al final de la noche, cuando estaba en la puerta para salir de
la casa, la hija de su amiga espontáneamente sacó una de las
azucenas blancas del jarrón ¡y se la puso en la mano!

*"La imaginación es el comienzo de la creación.
Imaginas lo que deseas, deseas lo que imaginas y
finalmente creas lo que deseas".*

George Bernard Shaw (1856-1950)
DRAMATURGO GANADOR DEL PREMIO NOBEL

Dalo —Recíbelo

Recuerda que la ley de atracción dice que recibes lo que das. Si piensas en la ley de atracción como un espejo, un eco, un bumerán o una máquina copiadora, te ayudará a tener mayor claridad sobre lo que debes imaginar y sentir. La ley de atracción es como un espejo porque un espejo refleja exactamente lo que tiene delante. La ley de atracción es como un eco porque lo que das es exactamente el eco que te regresa. La ley de atracción es como un bumerán porque el bumerán que lanzas es exactamente el mismo bumerán que regresa a ti. La ley de atracción es como una máquina copiadora porque lo que colocas en ella se reproduce exactamente y te entregará una copia exacta.

Hace algunos años estaba yo en París en un viaje de trabajo y una mujer me pasó a toda prisa en la calle vestida con una de las faldas más bellas que yo había visto, con intrincados detalles en un estilo parisino. Mi reacción fue de amor: "¡Qué falda más bella!".

Pocas semanas después, conducía mi auto hacia el trabajo en Melbourne, Australia, cuando me vi obligada a detenerme porque otro automovilista estaba tratando de hacer un giro ilegal en U en una intersección. Cuando miré hacia uno de los escaparates de una tienda en el sitio en que tuve que parar, vi exactamente la misma falda que le había visto a la mujer en la calle de París. No podía creer lo que veían mis ojos. Cuando llegué al trabajo, llamé a la tienda y me dijeron que habían recibido de Europa una sola falda en ese estilo y era la que estaba en el escaparate. Por supuesto la falda era de mi talla. Cuando fui a la tienda a comprarla tenía un descuento de la mitad del precio y la empleada de la tienda me dijo que no habían ordenado esa falda, ¡que simplemente había venido en el pedido accidentalmente!

Lo único que yo había hecho para atraer esa falda hacia mí fue desearla. Y desde París hasta una calle suburbana en Australia, atravesando circunstancias y hechos, exactamente la misma falda me fue entregada. ¡Ese es el poder magnético del amor! Ésa es la ley de atracción en acción.

Imaginación

> *"Este mundo no es más que un lienzo para nuestras imaginaciones".*
>
> *Henry David Thoreau* (1817-1862)
> AUTOR TRASCENDENTALISTA

Cuando imaginas algo positivo que quieres y amas, estás aprovechando la fuerza del amor. Cuando imaginas algo positivo, algo bueno, y te provoca amor, eso es lo que estás dando, y eso es lo que recibirás. Si puedes imaginarlo y sentirlo, entonces lo puedes recibir. ¡Pero lo que estás imaginando tiene que venir del amor!

Lo que estás imaginando no debe hacer daño a otra persona. Imaginar algo que cause daño a otra persona no viene del amor sino de la falta de amor. Y con toda certeza cualquier negatividad, aunque sea imaginada, ¡regresará a la persona que la envió con igual ferocidad! Cualquier cosa que des, la *recibirás* de vuelta.

Pero quiero decirte algo fantástico acerca de la fuerza del amor y tu imaginación. Lo mejor y lo más grande que piensas que es posible no es nada comparado con lo que la fuerza del amor te puede dar. ¡El amor no tiene límites! Si quieres estar lleno de vitalidad, felicidad y un increíble entusiasmo por la vida, la fuerza del amor te puede dar salud y felicidad a unos niveles muy superiores a los que has visto. Te digo esto para que puedas comenzar a romper las fronteras de tu imaginación y dejar de ponerle límites a tu vida. Empuja tu imaginación hasta el límite e imagina lo mejor y más grande posible acerca de lo que quieres.

La diferencia entre alguien que pasa trabajo y alguien que tiene una vida fabulosa se reduce a una sola cosa: el amor. Aquellos que tienen una gran vida imaginan lo que aman y quieren, ¡y *sienten* más amor que los demás por lo que imaginan! Las personas que pasan trabajo sin darse cuenta usan su imaginación para lo que no aman ni quieren y *sienten* la negatividad sobre lo que están imaginando. Es algo tan simple, pero crea vastas diferencias en las vidas de las personas y puedes ver la diferencia dondequiera que mires.

*"El secreto de la mente superior se encuentra
totalmente en el uso de la imaginación".*

Christian D. Larson (1874-1962)

AUTOR DEL NUEVO PENSAMIENTO

La historia ha demostrado que aquellos que se atreven
a imaginar lo imposible son los que quebrarán todas las
limitaciones humanas. En cada campo del esfuerzo humano
—las ciencias, la medicina, los deportes, las artes o la
tecnología— los nombres de las personas que imaginaron lo
imposible están grabados en la historia. Al quebrar los límites
de su imaginación, cambiaron el mundo.

Toda tu vida es lo que has imaginado que sería. Todo
lo que tienes o no tienes, cada situación y circunstancia de
tu vida, es lo que has imaginado que sería. ¡El problema es
que muchas personas imaginan lo peor! Están girando la
herramienta más maravillosa contra ellos mismos. En lugar de
imaginar lo mejor, muchas personas tienen miedo e imaginan
todas las cosas que pueden salir mal. Y con la misma certeza
con que continúan imaginando y sintiendo esas cosas, así
mismo ocurrirán. Recibes lo que das. Siente e imagina lo mejor
y más positivo que puedas en cada área de tu vida, ¡porque
lo mejor que eres capaz de imaginar es "pan comido" para la
fuerza del amor!

Cuando mi familia se había establecido en Estados Unidos,
trajimos por avión a nuestro perro de quince años de edad,

Cabbie, para que estuviera con nosotros. Una noche, no mucho tiempo después de llegar, se las arregló para escapar por un pequeño hueco en la cerca. Lo que hay detrás de nuestra casa son montañas, de modo que la situación estaba lejos de ser ideal. Lo buscamos por las oscuras calles y caminos que conducían a las montañas, pero no aparecía.

Mientras mi hija y yo lo buscábamos, nuestros sentimientos negativos de angustia comenzaron a aumentar. Yo sabía que teníamos que inmediatamente interrumpir la búsqueda y cambiar la manera en que nos sentíamos por dentro. Los sentimientos negativos nos decían que estábamos imaginando lo peor, y teníamos que cambiar nuestra manera de sentir rápidamente e imaginar lo mejor. En ese momento, todavía cualquier desenlace era posible, y tuvimos que optar por "traer" a Cabbie a casa con nosotros sano y salvo, imaginando y sintiendo que estaba en casa.

Regresamos a la casa y fingimos que el perro estaba con nosotros. Le pusimos comida en su plato como si estuviera allí. Imaginamos que oíamos el cascabel que tenía en el cuello cuando caminaba por el pasillo. Le hablábamos y lo llamábamos por nombre como si estuviera allí. Mi hija se fue a la cama imaginando que su mejor amigo de quince años estaba durmiendo junto a su cama como siempre.

Por la mañana temprano descubrimos una nota pegada a un árbol al pie de las montañas que decía que alguien había encontrado a un perrito. Era Cabbie. Tal como lo habíamos imaginado, nuestro perro regresó a nosotros sano y salvo.

No importa cuán desafiante sea la situación en que te encuentres, imagina el mejor desenlace ¡y siéntelo! Cuando lo hagas, cambiarás las circunstancias ¡y convertirás la situación en lo que deseas!

Cualquier cosa que seas capaz de imaginar ya existe

"La creación es sólo la proyección que da forma a lo que ya existe".

Srimad Bhágavatam (SIGLO 9)
ANTIGUO TEXTO HINDÚ

Cualquier deseo que eres capaz de imaginar ¡ya existe! No importa lo que sea, si eres capaz de imaginarlo, ya existe en la creación.

Hace cinco mil años, las antiguas escrituras registraron que toda la creación estaba terminada y completa, y que cualquier cosa que fuera posible crear ya existía. Ahora, cinco mil años después, la física cuántica ha confirmado que existe toda posibilidad de cualquier cosa y de todo *ahora*.

"Fueron, pues, acabados los cielos y la tierra, y todo el ejército de ellos".

Génesis 2:1

Lo que eso significa para ti y para tu vida es que cualquier cosa que eres capaz de imaginar para ti en tu vida ya existe. Es imposible para ti imaginar algo que no existe. La creación está completa. Toda posibilidad existe. Así que cuando imaginas que vas a romper un récord mundial o viajar al lejano Oriente o estar completamente saludable o ser padre, ¡las posibilidades de que hagas esas cosas en la creación en este mismo momento ya existen! ¡Si no existieran, no podrías imaginarlas! Para trasladar las cosas que deseas y amas del mundo invisible a tu vida visible, lo único que tienes que hacer es dar amor por lo que quieres a través de tu imaginación y tus sentimientos.

Imagina tu vida de la manera que quieres que sea. Imagina todo lo que quieres. Haz que tu imaginación te acompañe diariamente e *imagina* cómo sería todo *si* tus relaciones fueran todas maravillosas. *Imagina* cómo te sentirías *si* tu trabajo de repente se colmara de éxitos. *Imagina* cómo sería tu vida *si* tuvieras el dinero que necesitas para hacer las cosas que amas. *Imagina* cómo te sentirías *si* estuvieras rebosante de salud. *Imagina* cómo te sentirías *si* pudieras hacer lo que quieres hacer. Usa todos tus sentidos para imaginar lo que quieres. Si quieres viajar a Italia, imagina el olor del aceite de oliva, prueba la pasta, oye a la gente hablándote en italiano, toca el muro del Coliseo ¡y *siéntete* como si estuvieras en Italia!

En conversaciones y en tus pensamientos repite: *"Imagina que..."* ¡y entonces completa el resto de la oración con lo que quieres! Si estás hablando con un amigo y se queja de que a su compañero de trabajo lo promovieron y a él no, ayúdalo diciéndole: "Imagina que la razón por la que no te promovieron a ti es que te van a ofrecer un trabajo aún más importante, ¡con mucho más sueldo!". Porque la verdad es que la posibilidad de que a tu amigo lo promuevan a un trabajo mucho más importante con mucho más salario ya existe, y si él puede imaginarlo y sentirlo, ¡lo puede lograr!

"Los átomos o partículas elementales en sí no son reales; forman parte de un mundo de potencialidades o posibilidades más que de uno de cosas y hechos".

Werner Heisenberg (1901-1976)

FÍSICO CUÁNTICO GANADOR DEL PREMIO NOBEL

Usa tu imaginación y crea juegos para que te puedas sentir muy bien. Cualquier cosa que eres capaz de imaginar te está esperando, totalmente creada en lo invisible, y la manera de hacerla visible es mediante el aprovechamiento de la fuerza del amor, imaginando y sintiendo lo que deseas.

Después de graduarse de la universidad, una joven estuvo meses tratando de conseguir un empleo. Su mayor obstáculo fue imaginar que tenía un empleo cuando no lo tenía. Escribía en su diario todos los días lo agradecida que estaba por el empleo que estaba por llegarle, pero seguía sin trabajo. Entonces se percató súbitamente de un detalle. Sus acciones desesperadas de solicitar constantemente un empleo tras otro le decían en voz alta y con toda claridad a la ley de atracción que no tenía trabajo.

De modo que esto fue lo que hizo y todo cambió. Decidió usar su imaginación y vivir como si ya estuviera empleada. Ponía el despertador temprano como si tuviera que ir al trabajo. En lugar de escribir en su diario que estaba agradecida por el empleo que estaba por llegarle, escribió que estaba agradecida por el éxito en su trabajo y por sus compañeros de trabajo. Planeaba la ropa que se iba a poner cada día. Abrió una cuenta de ahorros para depositar los cheques de sus salarios. Durante dos semanas se sintió como si de verdad tuviera un empleo. Entonces, cuando menos lo esperaba, una amiga le habló de una posición que había surgido. Fue a la entrevista, obtuvo el empleo y recibió todo lo que había escrito en su diario.

Prepara los accesorios

> *"Cuando te permites pensar lo que las personas, las cosas, las condiciones o circunstancias pueden sugerir, no estás siguiendo lo que quieres pensar. No estás siguiendo tus propios deseos, sino deseos prestados. Usa tu imaginación para determinar lo que quieres pensar o hacer".*

Christian D. Larson (1874-1962)

AUTOR DEL NUEVO PENSAMIENTO

Cuando utilices el Proceso Creativo, usa todos los accesorios posibles para generar el sentimiento de que ya tienes lo que deseas. Rodéate de artículos de vestir, fotografías y otros objetos relevantes a fin de imaginar y sentir que tienes lo que quieres.

Si quieres ropa nueva, asegúrate de que tienes espacio en tu clóset y percheros vacíos listos donde colgarla. Si quieres traer más dinero a tu vida, ¿tienes espacio para acomodarlo en tu billetera o la tienes llena de papelitos sin importancia? Si quieres tener una pareja perfecta, tienes que imaginar y sentir que esa persona está contigo ya. ¿Estás durmiendo en el medio de la cama, o estás durmiendo en un lado porque tu pareja ocupa el otro lado de la cama? Si tu pareja estuviera contigo, estarías utilizando sólo la mitad del espacio de tu clóset, porque la ropa de tu pareja estaría ocupando la otra mitad. ¿Pones la mesa para dos o para una sola persona? Puedes fácilmente añadir un plato extra. Haz lo posible por no contradecir tus deseos en tus acciones cotidianas y más bien utiliza el mundo de los accesorios que te rodean para sentirte como si ya tuvieras lo que quieres. Estas son pequeñas y simples cosas que puedes hacer con accesorios y con tu imaginación, pero que son increíblemente poderosas.

Una mujer usó accesorios y su imaginación para recibir un caballo. Había querido tener un caballo toda su vida, pero no le alcanzaba el dinero para comprar uno. Quería un caballo Morgan castaño y un Morgan costaba miles y miles de dólares. De modo que imaginaba que veía exactamente el caballo que quería cada vez que se asomaba por la ventana de la cocina. Puso una foto de un caballo Morgan castaño en la pantalla de su computadora portátil. Cada vez que tenía la oportunidad, garabateaba el dibujo de un caballo. Comenzó a buscar caballos que estuvieran a la venta, aunque no le alcanzaba el dinero para comprarlos. Llevó a sus hijos a una tienda y se probaron botas de montar. Examinó las monturas. Compró las únicas cosas que podía comprar con el dinero que tenía —una frazada, arreos y cepillos para caballos— y las mantenía a la vista para verlas todos los días. Poco tiempo después, la mujer fue a una exposición de caballos en su pueblo. Se había organizado una rifa en la exposición y el primer premio era un caballo Morgan castaño, ¡exactamente el mismo caballo que había estado imaginando! ¡Y por supuesto se ganó la rifa y consiguió su caballo!

Tus sentidos también son accesorios. Así que usa todos tus sentidos para ayudarte a sentir que ya tienes lo que quieres. Usa el tacto para que tu piel sienta lo que quieres. ¡Pruébalo, huélelo, míralo y óyelo!

Un hombre se valió de todos sus sentidos para atraer múltiples ofertas de trabajo. Había llenado solicitudes para setenta y cinco posiciones durante tres años y no había recibido una sola oferta, pero entonces utilizó su imaginación y todos sus sentidos para imaginar que ya tenía el trabajo de sus sueños. Imaginó cada detalle de su nueva oficina. Tocaba las teclas de su computadora en su imaginación. Sentía el olor a limón del pulimento para limpiar su enorme escritorio de caoba. Imaginaba sus compañeros de trabajo. Les puso nombres. Tenía conversaciones con ellos. Tenía reuniones con ellos. Había incluso probado los tacos durante la hora de almuerzo. Siete semanas después comenzó a recibir solicitudes para entrevistas. Luego abundaron las solicitudes para segundas entrevistas. Entonces recibió no sólo una fantástica oferta de trabajo, sino dos. Aceptó el empleo que más le gustó: ¡era el trabajo de sus sueños!

Ten la seguridad de que cuando has terminado tu parte en el Proceso Creativo, ¡la creación está completa! Ya no estás más en el viejo mundo donde no tenías lo que querías. Te has mudado a un mundo nuevo que contiene exactamente lo que quieres aunque no lo puedas ver aún. ¡Ten la seguridad de que lo recibirás!

PUNTOS DE PODER

- *Para aprovechar la fuerza del amor en tu vida para recibir algo que quieres o cambiar algo que no quieres, el Proceso Creativo es siempre el mismo: Imagínalo. Siéntelo. Recíbelo.*

- *Tu imaginación te conecta con lo que quieres. Tu deseo y sentimientos de amor crean el magnetismo, ¡el poder magnético que atrae lo que deseas hacia ti!*

- *Imagínate que estás con tu deseo. Al mismo tiempo, siente amor por lo que estás imaginando.*

- *Desea lo que quieras con todo tu corazón porque el deseo es un sentimiento de amor, ¡y debes dar amor para recibir lo que amas!*

- *Cuando imaginas algo positivo que quieres y amas, estás aprovechando la fuerza del amor. Empuja tu imaginación al límite e imagina lo mejor y lo más grande posible acerca de cualquier cosa que quieres.*

- *¡Cualquier deseo que seas capaz de imaginar ya existe! No importa lo que sea: si puedes imaginarlo, ya existe en la creación.*

- *En conversaciones y en tus pensamientos repite: "Imagina que..." ¡y entonces completa la oración con lo que deseas!*

- *Usa accesorios. Rodéate de artículos de vestir, fotografías y otros objetos relevantes a fin de poder imaginar y sentir que ya tienes lo que quieres.*

- *Tus sentidos son accesorios también. Usa todos tus sentidos para ayudarte a sentir que ya tienes lo que quieres. ¡Siéntelo, pruébalo, huélelo, míralo y óyelo!*

- *Cuando has completado tu parte en el Proceso Creativo te has mudado a un mundo nuevo que contiene exactamente lo que quieres aunque no lo puedas ver aún. ¡Ten la seguridad de que lo recibirás!*

EL SENTIMIENTO ES CREACIÓN

"Cada vez que tu sentimiento está en conflicto con tu deseo, el sentimiento saldrá victorioso".

Neville Goddard (1905-1972)

AUTOR DEL NUEVO PENSAMIENTO

Campos de sentimientos

Quiero que entiendas lo que te ocurre cuando das amor mediante buenos sentimientos porque es algo verdaderamente magnífico. Tus sentimientos crean un campo magnético que te rodea completamente. Cada persona está rodeada por un campo magnético, así que dondequiera que vas, el campo magnético va contigo. Tal vez has visto películas antiguas que ilustran algo parecido cuando muestran un aura o un halo alrededor de una persona. Pues el aura que rodea cada persona es en realidad un campo electromagnético, y es a través del magnetismo del campo que te rodea que atraes todo en tu vida. ¡Lo que determina en un momento determinado si tu campo es positivo o negativo son tus sentimientos!

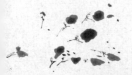

Cada vez que das amor, a través de tus sentimientos, palabras o acciones, añades más amor al campo que te rodea. Mientras más amor das, mayor y más poderoso es tu campo magnético. Todo lo que está en tu campo magnético está atrayéndose hacia sí mismo, así que mientras más amor haya en tu campo, más será el poder que tienes para atraer la cosas que amas. Puedes llegar al punto en que el poder magnético de tu campo es tan positivo y fuerte que podrías tener un destello de imaginar y sentir algo bueno, ¡y de pronto ha aparecido en tu vida! Ese es el poder increíble que tienes en tu vida. ¡Y ese es el poder fenomenal de la fuerza del amor!

"A través de tu capacidad de pensar y sentir, tienes dominio sobre toda la creación".

Neville Goddard (1905-1972)

AUTOR DEL NUEVO PENSAMIENTO

Quiero compartir una sencilla situación que ocurrió en mi vida y que demuestra lo rápido que es capaz de funcionar el amor. Me encantan las flores y hago lo posible por tener flores frescas cada semana porque me hacen feliz. Usualmente las compro en el mercado agrícola, pero en esta semana en particular estaba lloviendo y no hubo mercado agrícola y tampoco flores. Mi reacción a la ausencia de flores fue que era en realidad algo bueno porque así me hacía apreciar y amar más aún las flores. En lugar de sentirme decepcionada por no haber flores esa semana, opté por sentir amor, con lo cual llené mi campo magnético con el amor por las flores.

En menos de dos horas recibí un enorme jarrón de flores. Desde el otro extremo del mundo mi hermana me había enviado las flores más bellas que has visto, agradeciéndome algo que yo había hecho por ella. Cuando puedes dar amor a pesar de las circunstancias, ¡las circunstancias tienen que cambiar!

Ahora puedes apreciar por qué es tan importante optar por el amor, porque cada vez que das amor, aumentas y multiplicas el amor en el campo magnético alrededor tuyo. Mientras más amor das en tu vida cotidiana, mayor es el poder magnético de amor que tienes en el campo alrededor tuyo, y todo lo que quieres caerá a tus pies.

Esta es la magia de lo que será tu vida cuando estás dando amor. Mi vida no solía ser tan mágica como lo es ahora. Mi vida estaba llena de luchas y dificultades, pero descubrí algo fantástico acerca de mi vida, y lo que descubrí es todo lo que estoy compartiendo contigo en este libro. Nada es demasiado grande para la fuerza del amor. No hay distancia demasiado grande ni obstáculo que no pueda superar; el tiempo no puede bloquearle el camino. Puedes cambiar cualquier cosa en tu vida aprovechando el mayor poder del universo, ¡y lo único que tienes que hacer es dar amor!

El punto de la creación

Puedes tener la tendencia a pensar en las cosas que quieres como cosas muy grandes, pero tu perspectiva está completamente fuera de proporción cuando piensas de ese modo. Cuando piensas que algo es muy grande, lo que en efecto le estás diciendo a la ley de atracción es: "Esto es tan grande que va a ser difícil lograrlo y probablemente va a tomar mucho tiempo". Y tendrás razón, porque lo que piensas y sientes es lo que recibirás. Si piensas que tu deseo es muy grande, vas a crear dificultades y demoras en recibir lo que quieres. Pero nada es grande ni pequeño para la ley de atracción, y no existe el concepto del tiempo para la ley de atracción.

A fin de ayudarte a tener la verdadera perspectiva de la creación, independientemente de cuán grande te parezca tu deseo, ¡piensa en él como si tuviera el tamaño de un punto! Tal vez quieras una casa, un automóvil, vacaciones, dinero, la pareja perfecta, el trabajo de tus sueños o hijos. Puede que quieras que tu cuerpo tenga una salud infalible. Quizás quieras aprobar exámenes, matricular en una universidad específica, romper un récord mundial, que te elijan presidente, tener éxito como actor, abogado, escritor o maestro. No importa lo que quieres, piensa en ello como si tuviera el tamaño de un punto, porque para la fuerza del amor, ¡lo que quieres es *más pequeño* que un punto!

"Nuestras dudas son traidoras y nos hacen perder lo bueno que a menudo podríamos lograr".

William Shakespeare (1564-1616)

DRAMATURGO INGLÉS

la casa de mis sueños

Si ves que tu fe se tambalea, marca un punto en el centro de un círculo grande y al lado escribe el nombre de tu deseo. Mira el dibujo con el punto en el círculo las veces que quieras con la seguridad de que para la fuerza del amor ¡tu deseo tiene el tamaño de ese punto!

Cómo cambiar algo negativo

Si hay algo negativo en tu vida y quieres cambiarlo, el proceso es el mismo: da amor imaginando y sintiendo que tienes lo que quieres. Recuerda que cualquier cosa negativa es falta de amor, así que tienes que imaginar lo opuesto a la situación negativa, ¡porque lo opuesto *es* el amor! Por ejemplo, si tienes una enfermedad que quieres que desaparezca, da amor para que tu cuerpo esté saludable.

Si estás utilizando el Proceso Creativo para cambiar algo negativo, debes saber que no tienes que convertir lo negativo en positivo. Eso parece demasiado difícil y no es así como funciona la creación. Creación significa que algo *nuevo* se crea. Ni pienses en lo que quieres cambiar. Lo único que tienes que hacer es dar amor por lo que quieres, y la fuerza del amor te remplazará la negatividad.

Si una persona se lesiona y está bajo cuidado médico, pero las cosas no mejoran, ello quiere decir que está imaginando y sintiendo la lesión más que lo que está imaginando y sintiendo una recuperación total. La manera de inclinar la balanza hacia la recuperación es imaginando y sintiendo *más* una recuperación total que no teniéndola. El hecho que puedas imaginar una recuperación total quiere decir ¡que ya existe! Impregna tu campo magnético de sentimientos buenos acerca de cualquier cosa y de todo lo que te hace sentir bien. Eleva el amor en cada área de tu vida. Siéntete bien lo más que puedas, porque cada momento en que das amor te trae una recuperación total.

"Tus sentimientos son tu dios".

Chanakya (350-275 AC)
POLÍTICO Y ESCRITOR INDIO

Sea que quieras cambiar tu salud, tu dinero, las relaciones o cualquier otra cosa, ¡el proceso es el mismo! Imagina lo que quieres. Imagina y siente amor por tenerlo. Imagina cada escena y situación posible con lo que deseas, y siente que ya lo tienes. Trata de pasar siete minutos cada día imaginando y sintiendo que tienes lo que quieres. Hazlo cada día hasta que sientas que ya tienes tu deseo. Hazlo hasta que sepas que tu deseo te pertenece, como sabes que te pertenece tu propio nombre. Con algunas cosas lograrás esta sensación después de sólo uno o dos días. Otras cosas pueden demorar más. Entonces simplemente sigue tu vida, dando tanto amor y tantos buenos sentimientos como puedas *porque mientras más amor das, más pronto recibirás lo que deseas.*

Después de imaginar y sentir que tienes lo que quieres, estarás literalmente en un mundo nuevo con lo que has imaginado, de modo que no contradigas ese mundo nuevo contándole a todo el mundo que tienes una lesión que no está mejorando, porque entonces estarás otra vez imaginando lo peor y regresarás al viejo mundo. Cuando imaginas lo peor, eso será lo que recibes de vuelta. Cuando imaginas lo mejor,

eso será lo que recibes de vuelta. Si alguien te pregunta cómo
está tu lesión, puedes decirle: "Me *siento* cien por ciento
bien otra vez y mi cuerpo está respondiendo". Puedes decir:
"Esto ha sido una bendición porque me ha hecho apreciar
mi cuerpo y mi salud más que nunca en mi vida". O si eres lo
suficientemente audaz, puedes decir: "Tengo la recuperación
total agarrada por los cuernos".

No puedes hablar de algo que no quieres sin sentirte mal.
Es así de sencillo, pero la gente está tan acostumbrada a no
sentirse bien durante tanto tiempo que ni siquiera nota lo mal
que se siente cuando está imaginando y hablando de lo que no
quiere. Cuando te vuelvas más consciente de cómo te sientes,
y te preocupes más por tus sentimientos, llegarás al punto
en que el más ligero descenso en tus buenos sentimientos te
resultará insoportable. Estarás tan acostumbrado a sentirte
bien, estarás tan consciente de tus sentimientos, que si tienes
una baja te darás cuenta y enseguida te sobrepondrás y te
sentirás bien. Se supone que te sientas bien y feliz la mayor
parte del tiempo, porque estás llamado a tener una vida
fenomenal, ¡y no hay otra manera en que puedas lograrla!

"Estoy todavía resuelta a estar de buen ánimo y feliz en cualquier situación en que me encuentre, pues también he aprendido por experiencia que la mayor parte de nuestra felicidad o miseria depende de nuestra disposición y no de nuestras circunstancias".

Martha Washington (1732-1802)

PRIMERA DAMA, ESPOSA DE GEORGE WASHINGTON, PRIMER PRESIDENTE DE LOS ESTADOS UNIDOS

Cómo eliminar los malos sentimientos

Puedes cambiar cualquier cosa en tu vida cambiando la manera de sentirte. Cuando cambias cómo te sientes acerca de cualquier tema, ¡el tema tiene que cambiar! Pero para cambiar tu manera de sentir no trates de deshacerte de los malos sentimientos, porque todos los malos sentimientos se deben simplemente a la falta de amor. ¡Lo que debes hacer es incorporar amor! No trates de deshacerte de la ira y la tristeza; la ira y la tristeza desaparecen cuando incorporas amor. No hay nada que sacar de tu vida. Cuando incorporas amor, todos los malos sentimientos desaparecen.

Hay una sola fuerza en la vida y esa fuerza es el amor. O te sientes bien porque estás lleno de amor, o te sientes mal porque estás vacío de amor, pero todos tus sentimientos obedecen a diferentes grados de amor.

Piensa en el amor como si fuera agua en un vaso, y el vaso es tu cuerpo. Cuando un vaso tiene sólo un poco de agua, está vacío. No puedes cambiar el nivel de agua en el vaso luchando contra la parte vacía y tratando de eliminarla. El vacío desaparece cuando llenas el vaso de agua. Cuando tienes sentimientos malos, estás vacío de amor, y cuando incorporas amor en ti, los malos sentimientos desaparecen.

No resistas los malos sentimientos

Todo tiene su lugar perfecto en la vida, incluidos los sentimientos malos. Sin malos sentimientos, no sabrías lo que es sentirte bien. Sentirías sólo ese sentimiento aburrido todo el tiempo porque no tendrías con qué comparar lo que sientes. No sabrías cómo sentirte verdaderamente feliz, emocionado o alegre. Es mediante la tristeza que sabes lo bien que te sientes cuando eres feliz. No puedes quitarle a la vida los malos sentimientos porque son parte de la vida y, sin ellos, ¡no tendrías sentimientos buenos!

Si te sientes mal por tener malos sentimientos, estás añadiéndole más poder a tus sentimientos malos. No sólo empeorarían tus malos sentimientos, sino que aumentaría la negatividad que proyectas. Ahora entiendes que los sentimientos malos no te dan la vida que quieres, lo cual te hará más consciente de no dejar que los malos sentimientos se apoderen de tu ser. Tienes control sobre tus sentimientos, y si tienes un sentimiento malo que te está molestando, ¡una manera de descargar su energía es relajándote!

"Hay un mundo interior, un mundo de pensamiento y sentimiento y poder; de luz y belleza, y aunque es invisible, sus fuerzas son poderosas".

Charles Haanel (1866-1949)

<small>AUTOR DEL NUEVO PENSAMIENTO</small>

¡Se supone que la vida sea divertida! ¡Cuando te estás divirtiendo, te sientes fenomenal y recibes grandes cosas! Cuando tomas la vida demasiado en serio, recibes cosas serias. La diversión te da la vida que quieres, y tomar las cosas en serio te da una vida que tienes que tomar en serio. Tienes el poder sobre tu vida, y puedes usarlo para diseñar tu vida de la manera que quieras, pero por tu propio bien, ¡relájate!

Para relajarme acerca de sentimientos malos, he imaginado que los malos pensamientos son caballos salvajes. Hay un caballo furioso, un caballo resentido, un caballo que señala culpas, un caballo malhumorado, un caballo maniático, un caballo gruñón, un caballo irritado, de todos los tipos. Hay un establo lleno de caballos de malos sentimientos. Si me siento decepcionada sobre algo que ha ocurrido, entonces me digo: "¿Por qué me subí al caballo de la decepción? Desmóntate ahora mismo, porque está cabalgando hacia *más* decepción aún y tú no quieres ir adonde él va". Y así imagino que los malos sentimientos son caballos salvajes a los que me subo, y si me he subido a ellos, puedo también desmontarme. No considero los malos sentimientos como mi verdadera personalidad o la de cualquier otra persona, porque eso no es cierto. Los malos sentimientos no son lo que eres ni lo que es nadie. Un sentimiento malo es algo que te has permitido tener, y puedes optar por desmontarte de ese caballo con la misma rapidez con que te subiste a él.

Pensar en los malos pensamientos como caballos salvajes a los que te has subido ¡es una manera de quitarles poder! Si alguien cercano a ti está de mal humor, su sentimiento malo tendrá menos poder para afectarte si imaginas que está subido a un caballo malhumorado. No vas a tomar su malhumor como algo contra tu persona. Pero si lo tomas como algo personal y su malhumor te contagia, ¡entonces *tú* también te subiste a ese caballo malhumorado!

> *"Reacciona inteligentemente incluso al trato poco inteligente".*

Lao Tzu (CA. SIGLO 6 AC)
FUNDADOR DEL TAOÍSMO

Y así, con cualquier cosa que no quiero en la vida uso mi imaginación para divertirme y quitarle poder a las cosas que no quiero. A veces mirándome a mí o a otras personas montando caballos salvajes en varias situaciones en la vida me hace reír, ¡y reírte de ti mismo por un sentimiento malo es un logro importante! Acabas de cambiar tu vida.

De modo que si te sientes mal, no le des a ese sentimiento malo más poder reprochándote que te sientes mal. Si haces eso, estás dándole fuete y provocándole un mayor frenesí negativo a un caballo salvaje. La idea es no odiar los malos sentimientos, sino optar deliberadamente por tener buenos sentimientos y hacer eso con mayor frecuencia. Cuando resistes los malos sentimientos, ¡aumentan! Mientras más rechazas los malos sentimientos, más irás aumentándolos. Mientras más resistes cualquier cosa en la vida, más la estarás atrayendo hacia ti. Así que no hagas caso a los malos sentimientos que surjan en tu vida. No los resistas en modo alguno y así les quitarás todo su poder.

PUNTOS DE PODER

- *Cada persona está rodeada de un campo magnético. Dondequiera que vayas, el campo magnético va contigo.*

- *Atraes todo a través del magnetismo de tu campo. Tus sentimientos determinan en cualquier momento si tu campo es positivo o negativo.*

- *Cada vez que das amor —sea mediante tus sentimientos, palabras o actos— añades más amor al campo que te rodea.*

- *Mientras más amor hay en tu campo, más poder tienes para atraer las cosas que amas.*

- *¡Imagina que lo que quieres tiene el tamaño de un punto! ¡Para la fuerza del amor lo que quieres es más pequeño que un punto!*

- *No tienes que convertir lo negativo en positivo. Simplemente da amor por lo que quieres, ¡porque la creación de lo que quieres remplaza la negatividad!*

- *Emplea siete minutos cada día imaginando y sintiendo que ya tienes lo que quieres. Hazlo hasta que tu deseo te pertenezca tal como te pertenece tu nombre.*

- *Hay una sola fuerza en la vida y esa fuerza es el amor. O te sientes bien porque estás lleno de amor o te sientes mal porque estás vacío de amor, pero todos tus sentimientos son diferentes grados de amor.*

- *Para relajarte ante los malos sentimientos, imagina que son caballos salvajes a los que subes. ¡Si los montas, puedes desmontarte también! Puedes optar por desmontarte de ese caballo con la misma rapidez con la que te montaste.*

- *Cambia lo que das y siempre, sin excepción, cambiarás lo que recibes, porque esa es la ley de atracción. Esa es la ley del amor.*

LA VIDA TE SIGUE...

"El destino no es una cuestión de casualidad. Es una cuestión de opciones".

William Jennings Bryan (1860-1925)
<blockquote>LÍDER POLÍTICO EN ESTADOS UNIDOS</blockquote>

La vida te *sigue*. Absolutamente todo lo que te ocurre en la vida es un resultado de lo que has dado en tus pensamientos y sentimientos, estés consciente de ello o no. La vida no es algo que te está *ocurriendo*... la vida te está *siguiendo*. Tu destino está en tus manos. Lo que piensas, lo que sientes, decidirá tu vida.

¡Todo en la vida se te presenta para que puedas escoger lo que *tú* amas! ¡La vida es un catálogo y tú eres el que escoge lo que te gusta en ese catálogo! Pero ¿estás escogiendo las cosas que amas? ¿O estás demasiado ocupado juzgando y poniéndole etiquetas a las cosas malas? Si tu vida está lejos de ser maravillosa, entonces inadvertidamente has estado poniendo etiquetas a todas las cosas malas. Has permitido que las cosas que consideras malas te distraigan del propósito de tu vida. ¡Porque el propósito de tu vida es amar! El propósito de tu vida es la alegría. El propósito de tu vida es escoger las cosas que amas y rechazar las que no amas.

Escoge lo que amas

Cuando ves el automóvil de tus sueños por la calle, ¡la vida te está presentando ese carro para ti! Lo que sientes cuando ves el automóvil de tus sueños es importante, porque si optas por sentir nada más que amor hacia ese automóvil, estás atrayendo ese automóvil hacia ti. Pero si sientes envidia o celos porque otra persona está conduciendo el automóvil de tus sueños, lo que has hecho es convertirlo en chatarra. La vida te presentó ese automóvil para que pudieras escoger. Y lo escoges sintiendo amor. ¿Te das cuenta que no importa que otra persona tenga algo y tú no? La vida te está presentando todo, y si sientes amor hacia ello, lo estás atrayendo hacia ti.

Cuando ves a una pareja locamente enamorada y estás desesperado por tener una pareja en tu vida, la vida te está presentando a esa pareja feliz para que escojas. Pero si te sientes triste o solo cuando ves a la pareja feliz, sólo proyectas negatividad y en efecto lo que dices es: "Quiero estar triste y solo". Tienes que dar amor por lo que quieres. Si tienes sobrepeso y vas caminando por la calle y una persona con un cuerpo perfecto te pasa por al lado, ¿cómo te sientes? La vida te está presentando ese gran cuerpo para que escojas, y si te sientes mal porque no tienes ese cuerpo, acabas de decir: "No quiero tener un cuerpo como ése, quiero el cuerpo grueso que tengo". Si estás luchando contra un tipo de enfermedad y estás rodeado de personas saludables, ¿cómo te sientes? La vida te está presentado a esas personas saludables para que puedas optar por tener buena salud, y así si sientes amor hacia la salud que te rodea más que lo mal que te sientes porque te falta la salud, estás escogiendo buena salud para ti.

Cuando te sientes bien acerca de cualquier cosa que otra persona tiene, la estás atrayendo hacia ti. Cuando te sientes bien por el triunfo de otra persona, la felicidad de otra persona o por todas las cosas buenas que alguien tiene, estás escogiendo esas cosas del catálogo de la vida y atrayéndolas hacia ti.

Si conoces a alguien que tiene cualidades que tú quisieras tener, ama esas cualidades y siéntete bien acerca de ellas en esa persona, y estarás atrayendo esas cualidades hacia ti. Si alguien es inteligente, tiene belleza y talento, ¡ama esas cualidades y escoge esas cosas para *ti!*

Si quieres ser padre y has estado intentándolo por mucho tiempo, ¡entonces da amor y siéntete bien cada vez que veas a un padre con su hijo! Si te sientes deprimido cuando ves a niños porque no tienes un hijo, entonces estás ahuyentando a los niños y alejándolos de ti. La vida te está presentando niños cada vez que los ves para que puedas escoger.

Cuando estás practicando un deporte y otra persona gana, cuando un compañero de trabajo te dice que recibió un aumento, cuando alguien se gana la lotería, cuando un amigo te dice que la esposa lo sorprendió regalándole un viaje de fin de semana, o que compraron una casa nueva y bella, o que su hijo se ganó una beca, debes sentirte tan contento como ellos.

Debes sentirte tan emocionado y feliz como si te hubiera ocurrido a ti, porque cuando reaccionas afirmativamente, ¡estás dando amor y atrayéndolo hacia ti!

Cuando ves el automóvil de tus sueños, una pareja feliz, el cuerpo perfecto, niños, grandes cualidades en una persona o cualquier cosa que quieras, ¡eso significa que estás en la misma frecuencia que esas cosas! Alégrate porque tu alegría las está escogiendo.

Todo en la vida se te presenta para que puedas escoger lo que amas o lo que no amas, pero sólo el amor te trae lo que quieres. El catálogo de la vida contiene muchas cosas que no amas, así que no las escojas proyectando malos sentimientos. Si juzgas a otra persona y piensas que es mala, estás trayendo negatividad a tu vida. Si sientes envidia o celos de algo que otra persona tiene, atraes negatividad hacia ti al tiempo que te alejas precisamente de aquello que quieres con una fuerza poderosa. ¡Sólo el amor te trae lo que quieres!

"Éste es el milagro que siempre le ocurre a aquellos
que realmente aman: mientras más dan, más poseen".

Rainer María Rilke (1875-1926)

AUTOR Y POETA

La ley de una persona: ¡tú!

Existe una fórmula sencilla que puedes usar para la ley de atracción que te pondrá en una buena situación con cada persona, situación y circunstancia. En lo que se refiere a la ley de atracción, hay una sola persona en el mundo: ¡tú! No existe ninguna otra persona ni ninguna otra cosa en lo que se refiere a la ley de atracción, sólo tú. ¡Porque la ley de atracción está reaccionando a *tus* sentimientos! Lo único que cuenta es lo que *tú* das. Y así es para cada persona. Así que en verdad la ley de atracción es la ley de *ti*. Sólo estás tú, no hay nadie más. Para la ley de atracción la otra persona eres tú y esa otra persona eres tú y tú eres esas otras personas, porque lo que sientes hacia cualquier otra persona, lo estás atrayendo hacia *ti*.

Lo que sientes acerca de otra persona, lo que piensas o dices acerca de otra persona, lo que le haces a otra persona, te lo estás haciendo a ti. Juzga y critica y te lo estás haciendo a ti. Expresa amor y apreciación hacia otra persona o cosa, y lo estás expresando hacia ti. No existe nadie más para la ley de atracción, así que no importa si otra persona tiene lo que quieres, cuando sientes amor hacia eso, ¡lo estás incluyendo en *tu* vida! Y en cuanto a las cosas que no amas, simplemente dales la espalda sin juzgarlas y no las incluirás en tu vida.

Sólo existe el sí para la ley de atracción

Aléjate de las cosas que no amas y no les otorgues sentimiento alguno. No le digas que no a las cosas que no amas, porque al decirles que no, las estás atrayendo hacia ti. Cuando dices que no a las cosas que no amas, te estás sintiendo mal acerca de ellas, estás dando sentimientos malos, y recibirás esos sentimientos de vuelta como circunstancias negativas en tu vida.

No puedes decirle que no a nada, porque cuando dices: "No, no quiero eso", le estás diciendo que *sí* a la ley de atracción. Cuando dices: "El tráfico está horrible", "El servicio es muy malo", "Siempre llegan tarde", "Hace mucho ruido aquí", "Ese chofer está loco", "Me están haciendo esperar mucho tiempo", le estás diciendo que *sí* a estas cosas y estás incluyendo más de todas estas cosas en tu vida.

Aléjate de las cosas que no amas y no les otorgues sentimiento alguno, porque están bien donde están pero no tienen lugar en tu vida.

"No veas ningún mal. No escuches ningún mal. No hables ningún mal".

Máxima en el santuario Toshogu en Japón

(SIGLO 17)

En cambio, di que *sí* cuando veas algo que amas. Di que *sí* cuando oigas algo que amas. Di que *sí* cuando pruebes algo que amas. Di que *sí* cuando huelas algo que amas. Di que *sí* cuando toques algo que amas. No importa si lo tienes o no, di que *sí*, porque estarás escogiéndolo mediante el amor que das.

No hay límites y todo es posible si realmente lo quieres, si realmente lo deseas. No hay carencia en ninguna parte del universo. Cuando la gente ve la carencia de algo, es simplemente falta de amor. No existe una carencia de salud, dinero, recursos o felicidad. La oferta es igual a la demanda. ¡Da amor y recibirás!

Tu vida —tu historia

Estás creando la historia de tu vida, ¿y qué es lo que estás contando acerca de ti? ¿Has creído que hay cosas que puedes y

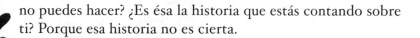

no puedes hacer? ¿Es ésa la historia que estás contando sobre ti? Porque esa historia no es cierta.

No hagas caso si alguien dice que eres menos que cualquier otra persona. No hagas caso si alguien dice que tienes algún tipo de limitación. No hagas caso si alguien dice que no puedes hacer lo que amas y ganarte la vida haciéndolo. No hagas caso si alguien dice que no eres tan valioso y tan digno como los más grandes seres humanos que han vivido. No hagas caso si alguien dice que no eres lo suficientemente bueno ahora y que tienes que demostrar tus cualidades en la vida. No hagas caso si alguien dice que no puedes tener lo que amas o hacer lo que amas o ser lo que amas. Si crees estas cosas, te estás fijando límites. Pero más importante aún, ¡no son ciertas! No hay una sola cosa que sea demasiado buena para ti o demasiado buena para ser realidad.

La fuerza del amor dice: "Cualquier cosa que das, la recibes de vuelta". ¿Acaso esto dice que no eres suficientemente bueno? La fuerza del amor dice: "Da amor por lo que quieres ser, hacer o tener, y lo recibirás". Acaso eso dice que no eres suficientemente bueno? Eres digno y merecedor exactamente como eres. *Eres* suficientemente bueno ahora. Si sientes que has hecho algo que no está bien, entiende que estar *consciente* de ese hecho y *aceptarlo* constituye tu absolución bajo la ley de atracción.

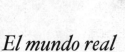

El mundo real

"Al principio sólo había probabilidades. El universo sólo podía existir si alguien lo observaba. No importa que los observadores llegaron miles de millones de años después. El universo existe porque tenemos conciencia de él".

Martin Rees (N. 1942)

ASTROFÍSICO

Quiero llevarte detrás del escenario del mundo que ves, porque mucho de lo que ves no es tan real como lo puedes pensar. Unos pasos audaces hacia lo invisible te cambiará la manera de mirar el mundo y te hará libre para recibir una vida sin límites.

La mayoría de las cosas que puedes creer hoy acerca del mundo real no son ciertas. Eres mucho más que lo que crees que eres. La vida y el universo son mucho más que lo que crees. Puedes pensar que hay un número limitado de cosas en el mundo real. Puedes pensar que hay una cantidad limitada de dinero, salud y recursos, pero no es cierto. No hay escasez de nada. La física cuántica nos dice que existe un número infinito de planetas Tierras y universos. Y cada fracción de segundo nos movemos de una realidad del planeta Tierra a otra y de un universo a otro. Éste es el mundo real que emerge a través de la ciencia.

"En nuestro universo estamos sintonizados con una frecuencia que corresponde a la realidad física. Pero existe un número infinito de realidades paralelas que coexisten con nosotros en la misma habitación, aunque no podamos sintonizarnos con ellas".

Steven Weinberg (N. 1933)

FÍSICO CUÁNTICO GANADOR DEL PREMIO NOBEL

Puedes pensar que hay una escasez de tiempo en el mundo real, y por ello tal vez vivas tu vida de prisa contra el reloj, pero el gran científico Albert Einstein nos dijo que el tiempo es una ilusión.

"La distinción entre el pasado, el presente y el futuro es sólo una terca y persistente ilusión".

Albert Einstein (1879-1955)

FÍSICO GANADOR DEL PREMIO NOBEL

Puedes pensar que el mundo real está hecho de cosas vivas y muertas. Pero en el universo *todo* está vivo y *nada* está muerto. Las estrellas, el sol, los planetas, la tierra, el aire, el agua, el fuego y todo objeto que ves está rebosante de vida. Este es el mundo real que está emergiendo.

"El árbol tiene un sentido que percibe tu amor y reacciona a él. No reacciona y muestra su placer de nuestra manera o de ninguna otra manera que ahora podemos entender".

Prentice Mulford (1834-1891)

AUTOR DEL NUEVO PENSAMIENTO

Tal vez crees que el mundo real es todo lo que alcanzas a ver y que lo que no puedes ver no es real. Y sin embargo el color que ves cuando miras algo *no* es de hecho su verdadero color. Cada cosa absorbe todos los colores de lo que realmente es y refleja el color de lo que no es, y ése es el color que ves. Es así que el cielo es en realidad de cualquier otro color ¡*excepto* azul!

Hay muchos sonidos que no puedes oír porque sus frecuencias están fuera del alcance de lo que tu oído puede percibir, pero son reales. No puedes ver la luz ultravioleta o infrarroja, porque sus frecuencias están más allá de lo que tu ojo es capaz de ver, pero son reales. Si imaginas que todas las frecuencias de luz conocidas tienen el tamaño del Monte Everest, ¡entonces todo lo que puedes ver es más pequeño que una pelota de golf!

Tal vez crees que el mundo real está hecho de todas las cosas sólidas que puedes ver y tocar. ¡Pero la realidad es que nada es sólido! La silla en que estás sentado en este preciso momento es una fuerza de energía móvil, y es en su mayor parte espacio. Así que ¿cuán real es tu silla?

"Un hombre sabio, al reconocer que el mundo no es más que una ilusión, no actúa como si fuera real, con lo cual (por tanto) elude el sufrimiento".

Gautama Buda (563-483 AC)

FUNDADOR DEL BUDISMO

Tal vez crees que tu imaginación es solamente pensamientos y sueños y no tiene poder en el mundo real. Y sin embargo uno de los obstáculos que confrontan los científicos para demostrar que las cosas son ciertas o no, es separar las creencias del científico de los experimentos científicos, porque lo que el científico cree o imagina que será el resultado de un experimento *afecta* el resultado del experimento. ¡Ése es el poder de la imaginación y las creencias humanas! Así como las creencias del científico afectan el resultado de un experimento, igual tus creencias afectan el desenlace de tu vida.

Tus creencias, ciertas o no, forman tu mundo. Lo que imaginas y *sientes* que es cierto crea tu vida, porque eso es lo que le estás dando a la ley de atracción, y eso es lo que te será devuelto. Tu imaginación es más real que el mundo que ves, ¡porque el mundo que ves proviene de lo que imaginas y crees! Lo que crees y *sientes* que es cierto es lo que será tu vida. Si crees que no puedes tener la vida que sueñas, entonces la ley de atracción debe seguir lo que dices y ése será tu mundo real.

"Creer en las cosas que puedes ver y tocar no es creer; mas creer en lo que no ves es un triunfo y una bendición".

Abraham Lincoln (1809-1865)

PRESIDENTE NO. 16 DE LOS ESTADOS UNIDOS

Una historia de limitación ha sido transferida de una generación a la siguiente a través de la historia de la humanidad, pero ha llegado la hora de contar la verdadera historia.

La verdadera historia

La verdadera historia es que tú eres un ser sin limitaciones. La verdadera historia es que el mundo y el universo no tienen limitaciones. Hay mundos y posibilidades que no puedes ver, pero todos ellos existen. ¡Tienes que empezar a contar una historia diferente! Tienes que empezar a contar la historia de tu vida fenomenal, porque cualquiera que sea la historia que cuentes, buena o mala, la ley de atracción tiene que asegurarse de recibirla y ésa será la historia de tu vida.

Imagina y *siente* lo que quieres y ésas serán las imágenes que recibirás de vuelta en tu vida. Da amor lo más que puedas y siéntete lo mejor que puedas, y la fuerza del amor te rodeará de personas, circunstancias y hechos que amas. Puedes ser lo que quieres ser. Puedes hacer lo que quieres hacer. Puedes tener lo que quieres tener.

¿Qué amas? ¿Qué quieres?

Deshazte de cualquier cosa que no amas en la historia de tu vida y quédate sólo con las que amas. Si te aferras a las cosas negativas de tu pasado, entonces las sigues incluyendo en tu historia cada vez que las recuerdas, y regresan a formar parte de la imagen de tu vida ¡en este momento!

Deshazte de las cosas que no amas de tu niñez y quédate sólo con las cosas que amas. Deshazte de las cosas que no amas de tu adolescencia y años adultos y quédate con las cosas buenas. Quédate sólo con las cosas que amas de toda tu vida. Todas las cosas negativas del pasado están terminadas, completas; no eres la misma persona que eras entonces, así que ¿para qué seguir incluyéndolas en tu historia si te hacen sentir mal? No tienes que escarbar y sacarte las cosas negativas del pasado. Simplemente no las incluyas más en tu historia.

"Una fuerza poderosa, eterna e incomprensible nos empuja a todos hacia delante. Pero mientras todos somos empujados de esa manera, muchos se detienen y miran atrás. Inconscientemente, se oponen a esta fuerza".

Prentice Mulford (1834-1891)

AUTOR DEL NUEVO PENSAMIENTO

Si sigues diciendo que eres una víctima, entonces esas imágenes seguirán apareciendo constantemente en tu vida. Si sigues diciendo que no eres tan inteligente como otras personas, o tan atractivo como otras personas, o que no tienes el talento que tienen otros, tendrás razón, porque se convertirán en las imágenes de tu vida.

Cuando llenas tu vida de amor, descubrirás que el sentido de culpa, el resentimiento y cualquier otro sentimiento negativo te abandonarán. Y entonces comenzarán a contar la mejor historia que se ha contado jamás, y la fuerza del amor iluminará tu vida con las imágenes de la *verdadera* historia de tu vida fenomenal.

"El amor es el poder más grande de la Tierra. Conquista todas las cosas".

Peace Pilgrim

NACIDA MILDRED LISETTE NORMAN (1908-1981)

ACTIVISTA POR LA PAZ

PUNTOS DE PODER

- *¡La vida te presenta todo para que puedas escoger lo que amas!*

- *Si alguien tiene algo que quieres, muéstrate tan emocionado como si lo tuvieras. Si sientes amor por eso, lo estás atrayendo hacia ti.*

- *Cuando ves las cosas que quieres, ¡estás en su misma frecuencia!*

- *El catálogo de la vida contiene cosas que no amas, así que no las escojas mediante malos sentimientos.*

- *Aléjate de las cosas que no amas y no les otorgues sentimiento alguno. En cambio, di que sí cuando veas algo que amas.*

- *¡La ley de atracción está reaccionando a tus sentimientos! Lo único que cuenta es lo que das. La ley de atracción... es la ley de ti.*

- *Juzga y critica y lo estarás haciendo a ti. Da amor y apreciación hacia otra persona o cosa, y te lo estarás dando a ti mismo.*

- *Cuando la gente ve una escasez de cosas es simplemente falta de amor.*

- *Eres suficientemente bueno ahora. Si has hecho algo que no estaba bien, estar consciente del hecho y aceptarlo constituyen tu absolución por la ley de atracción.*

- *Son tus creencias, ciertas o no, las que forman tu mundo.*

- *¡Tu imaginación es más real que el mundo que ves, porque el mundo que ves proviene de lo que imaginas y crees! Lo que crees y sientes que es cierto es lo que será tu vida.*

- *Cualquier historia que cuentes, sea buena o mala, será la historia de tu vida. Así que comienza a contar la historia de tu vida fenomenal, y la ley de atracción debe asegurarse de que la recibas.*

LAS LLAVES DEL PODER

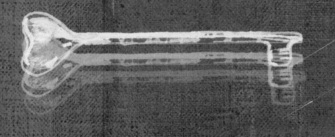

"Tus más preciadas y valiosas posesiones y tus más grandes poderes son invisibles e intangibles. Nadie te los puede quitar. Tú y sólo tú los puedes dar. Recibirás abundancia por darlos".

W. Clement Stone (1902-2002)

AUTOR Y HOMBRE DE NEGOCIOS

Las llaves del poder son las maneras más poderosas de aprovechar la fuerza del amor y recibir la vida que estás llamado a vivir. Son tan simples y fáciles que cualquier niño puede seguirlas. Cada llave dará acceso al inmenso poder que llevas dentro.

La llave del amor

Para usar el amor como el poder definitivo de tu vida, debes amar como nunca has amado. ¡Enamórate de la vida! Duplica lo mucho que has amado en tu vida, multiplica ese sentimiento por diez, multiplícalo por cien, por mil, por un millón, ¡porque ése es el nivel de amor que eres capaz de sentir! No hay límite, no hay restricción a la cantidad de amor que eres capaz de sentir ¡y lo llevas todo dentro! Estás hecho de amor. Es tu verdadera sustancia y naturaleza, la de la vida y la del universo, y eres capaz de amar mucho más de lo que has amado hasta ahora y mucho más de lo que has imaginado.

Cuando te enamoras de la vida, toda limitación desaparece. Rompes las limitaciones de dinero, salud, felicidad y los límites de la alegría en tus relaciones. Cuando te enamoras de la vida, no tienes resistencia, y cualquier cosa que amas aparece en tu vida casi instantáneamente. Tu presencia se sentirá cuando entras en un lugar. Las oportunidades te lloverán en la vida, y tu más ligero toque disolverá toda negatividad. Te sentirás mejor de lo que imaginaste que fuera posible. Estarás lleno de ilimitada energía, emoción y un insaciable entusiasmo por la vida. Te sentirás tan ligero como una pluma, como si flotaras en el aire, y todo lo que amas simplemente parecerá que cae a tus pies. ¡Enamórate de la vida, desata el poder que llevas dentro, no tendrás limitaciones y serás invencible!

"Aun después de todo este tiempo, el Sol nunca le dice a la Tierra: 'Estás en deuda conmigo'. ¡Mira lo que ocurre con un Amor como ése! Ilumina todo el cielo".

Hafez (1315-1390)
POETA SUFÍ

Entonces, ¿cómo te enamoras de la vida? Del mismo modo que te enamoras de una persona, ¡adorando *todo* lo que tenga que ver con ella! Te enamoras de una persona viendo sólo amor, oyendo sólo amor, hablando sólo de amor ¡y *sintiendo* amor con todo tu corazón! Y así es exactamente cómo utilizas el poder definitivo del amor para enamorarte de la vida.

Cualquier cosa que estés haciendo, dondequiera que estés en tu día, busca las cosas que amas y te gustan. Puedes buscar la tecnología y los inventos que te gustan. Buscar los edificios que te gustan, los automóviles y las carreteras que te gustan, las cafeterías y restaurantes que te gustan, las tiendas que te gustan. Ve por la calle o entra en una tienda con la intención de encontrar el mayor número de cosas que te gustan. Busca cosas que amas en otras personas. Busca todo lo que amas en la naturaleza: los pájaros, los árboles, las flores, los aromas y los colores de la naturaleza. Mira lo que amas. Oye lo que amas. Habla sobre lo que amas.

*"Sabiendo que tienes trabajando contigo una fuerza
que nunca ha fallado en nada que ha intentado,
puedes avanzar con el seguro conocimiento de que
tampoco fallará en tu caso".*

Robert Collier (1885-1950)

AUTOR DEL NUEVO PENSAMIENTO

Piensa acerca de lo que amas. Habla de lo que amas. Haz
lo que amas. Porque cuando estás haciendo todas estas cosas,
estás *sintiendo* amor.

Habla de las cosas que amas de tu casa, tu familia, tu
cónyuge y tus hijos. Habla de las cosas que amas en tus
amigos. Diles lo que amas en ellos. Habla de las cosas que te
encanta tocar, oler y saborear.

Dile a la ley de atracción cada día lo que amas señalando
y sintiendo las cosas que amas. Piensa simplemente cuánto
amor puedes dar en un día sintiendo las cosas que amas.
Cuando caminas por la calle, busca las cosas que amas en otras
personas. Cuando te asomes a las tiendas, busca las cosas que
amas. Di: "Me encanta esa combinación", "Me encantan esos
zapatos", "Me encanta el color de los ojos de esa persona",
"Me encanta el pelo de esa persona", "Me encanta la sonrisa
de esa persona", "Me encantan esos cosméticos", "Me encanta
ese olor", "Me encanta esta tienda", "Me encanta esa mesa,
lámpara, sofá, alfombra, equipo de audio, abrigo, guantes
sombrero y esas joyas", "Me encanta el olor del verano", "Me

encantan los árboles en el otoño". "Me encantan las flores en la primavera", "Me encanta ese color", "Me encanta esta calle", "Me encanta esta ciudad".

Busca las cosas que amas y te gustan en situaciones, hechos y circunstancias, y *siente* esas cosas. "Me gusta recibir llamadas como esas", "Me gusta recibir correos electrónicos como esos", "Me gusta escuchar noticias como esas". "Me gusta esa canción". "Me gusta ver a la gente feliz". "Me gusta reírme con otras personas". "Me gusta oír música cuando voy manejando hacia el trabajo". "Me gusta poder relajarme en el tren o el autobús". "Me gustan los festivales de mi ciudad". "Me gustan las celebraciones". "Amo la vida". Busca las cosas que amas en los temas que te iluminan el corazón, y siente el amor más profundo que puedas sentir.

Si no te sientes bien y quieres cambiar la manera de sentirte, o si quieres elevar más aún tus sentimientos buenos, ¡toma un minuto o dos para revisar una lista mental de todo lo que amas y adoras! Puedes hacerlo mientras te vistes por la mañana, cuando caminas, cuando manejas o cuando viajas a cualquier sitio. Es algo tan simple, pero el efecto que tendrá en tu vida será increíble.

Haz una lista de todo lo que amas y te gusta, lo cual te sugiero que al principio hagas todos los meses, y después cada tres meses por lo menos. Incluye los lugares que amas y te gustan, las ciudades, los países, la gente que te gusta, los colores que te gustan, los estilos que te gustan, las cualidades que te gustan en las personas, las compañías que te gustan, los servicios que te gustan, los deportes que te gustan, los atletas que te gustan, la música que te gusta, los animales que te gustan, las flores que te gustan, las plantas y los árboles. Haz una lista de las cosas materiales que te gustan, desde los diferentes tipos de ropa que te gustan, las casas, los muebles, los libros, las revistas, los periódicos, los automóviles, los efectos eléctricos, hasta las diferentes comidas que te gustan. Piensa en las cosas que te gusta hacer y haz una lista, como bailar, practicar un deporte, visitar galerías, ir a conciertos, fiestas, ir de compras. Haz una lista de las películas que te gustan, las vacaciones y restaurantes que te gustan.

"Una vez que uno ha entrado plenamente en el reino del amor, el mundo —no importa cuán imperfecto sea— se torna más rico y bello; consiste únicamente en oportunidades para el amor".

Søren Aabye Kierkegaard (1813-1855)

FILÓSOFO

Tu tarea es amar lo más que puedas cada día. Si puedes simplemente amar y adorar todo lo que puedas hoy, buscar y sentir las cosas que amas y alejarte de las que no amas, tus días rebosarán de la inefable felicidad de todo lo que quieres y amas.

"El amor es la llave maestra que abre las puertas de la felicidad".

Oliver Wendell Holmes (1809-1894)

DECANO DE LA ESCUELA DE MEDICINA DE HARVARD

El amor es estar alerta

Tienes que estar alerta para sentir el amor de todo lo que te rodea. Tienes que estar consciente de lo que hay que amar en todo lo que te rodea; de lo contrario, vas a perderte cosas. Tienes que estar alerta para ver las cosas que amas y te gustan. Tienes que estar alerta para oír los sonidos que te gustan. Tienes que estar alerta para captar los exquisitos olores de las flores cuando pasas por al lado de ellas. Tienes que estar alerta para realmente probar la comida que estás comiendo y sentir la riqueza de los sabores. Si vas por la calle escuchando tus propios pensamientos, te lo pierdes todo. Y eso es lo que le ocurre a la gente muchas veces. Se hipnotizan escuchando sus propios pensamientos y caen en una especie de trance, sin tener conciencia de nada de lo que los rodea.

¿Has ido alguna vez caminando por la calle y de repente un buen amigo te grita tu nombre y te sorprendes porque no lo habías visto? ¿O tal vez has visto a una amiga a la que tuviste que llamar por su nombre un par de veces antes de que de repente diera un salto de sorpresa cuando te vio? Se despertó cuando la llamaste por su nombre porque no estaba consciente

de que estaba en la calle, sino que iba perdida en un trance, hipnotizada por sus propios pensamientos. ¿Has estado alguna vez viajando en un automóvil y de repente te das cuenta de que estás cerca de tu lugar de destino pero no recuerdas haber estado viajando gran parte de la distancia? Ibas hipnotizado escuchando tus propio pensamientos, perdido en un trance.

La buena noticia es que mientras más amor das, ¡más alerta y consciente estarás! El amor produce un estado de alerta total. Al hacer un esfuerzo consciente cada día de percatarte del mayor número de cosas alrededor tuyo que amas, te volverás más consciente y alerta.

Cómo mantener la mente concentrada en el amor

"Claridad de mente significa también claridad de pasión; es por ello que una mente clara y formidable ama ardientemente y ve lo que ama inconfundiblemente".

Blaise Pascal (1623-1662)

MATEMÁTICO Y FILÓSOFO

Una manera de permanecer alerta es engañando a la mente mediante preguntas como: "¿Qué puedo ver que me gusta?", "¿Cuántas cosas que amo puedo ver?", "¿Qué más hay que me gusta?", "¿Qué puedo ver que me conmueve?", "¿Qué puedo ver que me emociona?", "¿Qué puedo ver que me apasiona?", "¿Hay más cosas que puedo ver que me gustan?" o "¿Qué puedo oír que realmente me gusta?". Cuando le haces preguntas a tu propia mente, ella no puede evitar ocuparse inmediatamente de darte respuestas. Lo que hace es frenar cualquier otro pensamiento inmediatamente para poder responder tus preguntas.

El secreto es continuar regularmente haciéndole preguntas a tu mente. Mientras más preguntas le haces, más estarás en control de tu propia mente. Tu mente estará trabajando contigo y haciendo lo que tú quieres que haga, en lugar de trabajar en tu contra.

A veces tu mente puede salir disparada como un tren de carga loma abajo sin conductor si no mantienes control sobre ella. Tú eres el conductor de tu mente, así que hazte cargo, mantenla ocupada con tus instrucciones diciéndole dónde quieres que vaya. Tu mente sólo se pone en marcha por su cuenta si no le dices lo que tiene que hacer.

"La mente se comporta como un enemigo para aquellos que no la controlan".

Bhagavad Gita (SIGLO 5 AC)

ANTIGUO TEXTO HINDÚ

Tu mente es una herramienta poderosa y magnífica que puedes usar, pero tienes que tener control sobre ella. En lugar de dejar que te distraiga con pensamientos fuera de control, tu deseo ha de ser que tu mente te ayude a dar amor. No toma mucho tiempo entrenar tu mente para que se concentre en el amor, y una vez que lo has hecho, ¡simplemente observa lo que ocurre en tu vida!

La llave de la gratitud

"No puedes ejercer mucho poder sin gratitud porque es la gratitud lo que te mantiene conectado al poder".

Wallace Wattles (1860-1911)

AUTOR DEL NUEVO PENSAMIENTO

Conozco miles de personas en las peores situaciones imaginables que han cambiado sus vidas completamente mediante la gratitud. Sé de milagros que han ocurrido en la salud de personas cuando parecía no haber esperanza:

riñones defectuosos que se han regenerado, corazones enfermos que han sanado, vista restaurada, tumores que desaparecen y huesos que crecen y se reconstruyen. Sé de relaciones rotas que se han vuelto magníficas a través de la gratitud: matrimonios fracasados totalmente restaurados, familiares distanciados que se han reconciliado, padres que han transformado las relaciones con sus hijos y adolescentes, y maestros que han cambiado a alumnos. He visto personas que han estado en la pobreza total hacerse ricos mediante la gratitud: gente que ha dado un giro a negocios fracasados y personas con problemas de dinero toda su vida que han creado abundancia. Alguien incluso pasó de vivir en la calle a conseguir un trabajo y un hogar en una semana. Sé de personas con depresión que han dado un salto hacia la alegría y hacia una vida plena de realizaciones a través de la gratitud. Personas que han padecido ansiedad y todo tipo de enfermedad mental se han recuperado y gozan de una mente perfectamente saludable a través de la gratitud.

Todos los salvadores del mundo han utilizado la gratitud, porque todos sabían que la gratitud era una de las más altas expresiones de amor. Sabían que cuando expresaban gratitud, estaban viviendo en exacta concordancia con la ley. ¿Por qué crees que Jesús decía *gracias* antes de hacer un milagro?

Cada vez que te sientes agradecido estás *dando* amor, y todo lo que das, lo recibes. Sea que le das las gracias a una persona o que te sientes agradecido por un automóvil, unas vacaciones, una puesta de sol, un regalo, una casa nueva o una ocasión emocionante, estás dando amor por esas cosas y recibirás de vuelta más alegría, más salud, más dinero, más experiencias fenomenales, más relaciones increíbles, más oportunidades.

Ponlo a prueba ahora mismo. Piensa en alguien o algo por lo que sientes gratitud. Puedes escoger a la persona a quien amas más que a nadie en el mundo. Concéntrate en esa persona y piensa en todas las cosas que amas de esa persona y por las que estás agradecido. Entonces, mentalmente o en voz alta, dile a esa persona todas las cosas que amas de ella y por las que sientes gratitud, como si estuviera junto a ti. Dile todas las razones por las que la amas. Puedes recordar instancias o momentos específicos diciendo, "Recuerdas aquella vez cuando...", y al hacerlo, siente cómo la gratitud comienza a llenarte el corazón y el cuerpo.

El amor que diste en ese sencillo ejercicio debe regresar a ti en la relación, y también en toda tu vida. Así de fácil es dar amor a través de la gratitud.

Albert Einstein fue uno de los más grandes científicos que ha existido. Sus descubrimientos alteraron completamente la manera en que vemos el universo. Y cuando le hacían preguntas sobre sus monumentales logros, Einstein sólo hablaba para dar gracias a otros. Una de las mentes más brillantes que ha vivido le daba gracias a otros por lo que le habían *dado* a él, ¡100 veces al día! Esto quiere decir que Einstein daba amor por lo menos 100 veces al día. ¿Es acaso una casualidad que la vida le haya revelado tantos misterios a Albert Einstein?

> *"Cien veces al día me recuerdo a mí mismo que mi vida interior y exterior dependen del trabajo de otros hombres, vivos y muertos, y que debo esforzarme por dar en igual medida que he recibido y continúo recibiendo aún".*

Albert Einstein (1879-1955)

FÍSICO GANADOR DEL PREMIO NOBEL

La gratitud, la gran multiplicadora

Cuando estás agradecido por las cosas que tienes, no importa cuán pequeñas puedan ser, recibirás más de esas cosas. Si estás agradecido por el dinero que tienes, por poco que sea, recibirás más dinero. Si estás agradecido por una relación, aunque no sea perfecta, la relación mejorará. Si estás agradecido por el trabajo que tienes, aunque no sea el trabajo de tus sueños, recibirás mejores oportunidades en tu trabajo. ¡Porque la gratitud es el gran multiplicador de la vida!

> *"Si la única plegaria que pronuncias en toda tu vida es 'gracias', es suficiente".*

Meister Eckhart (1260-1328)

ESCRITOR Y TEÓLOGO CRISTIANO

La gratitud comienza con una simple palabra —*gracias*—, pero tienes que estar agradecido con todo tu corazón. Mientras más comiences a decir *gracias*, más lo sentirás y más amor darás. Hay tres maneras de utilizar el poder de la gratitud en tu vida, y cada una de ellas es dando amor:

1. *Sé agradecido por todo lo que has recibido en tu vida (el pasado).*

2. *Sé agradecido por todo lo que estás recibiendo en tu vida (el presente).*

3. *Sé agradecido por todo lo que quieres en tu vida como si ya lo hubieras recibido (el futuro).*

Si no sientes gratitud por lo que has recibido y estás recibiendo, no estás dando amor y no tienes el poder para cambiar ninguna de las actuales circunstancias. Cuando das gracias por lo que has recibido y continúas recibiendo, se *multiplican* esas cosas. Al mismo tiempo, ¡la gratitud te trae lo que quieres! Sé agradecido por lo que quieres en tu vida como si ya lo hubieras recibido, y la ley de atracción dicta que *tienes* que recibirlo.

¿Te imaginas que algo tan simple como ser agradecido puede multiplicar todo lo que amas y cambiar totalmente tu vida?

Un hombre divorciado, solo, deprimido y con un trabajo que odia, decidió poner en práctica el amor y la gratitud todos los días para cambiar su vida. Empezó siendo positivo hacia todas las personas con las que hablaba durante el día. Cuando llamaba a sus viejos amigos y familiares, los sorprendía diciéndoles lo positivo y feliz que estaba. Comenzó a estar agradecido por todo lo que tenía, incluyendo el agua corriente. He aquí lo que ocurrió en su vida en 120 días: Todo lo que odiaba en su trabajo cambió milagrosamente y ahora le encanta su trabajo. Su trabajo incluso lo lleva a lugares que siempre había querido visitar. Tiene las mejores relaciones con todos los miembros de su familia, lo cual no había ocurrido nunca antes. Pagó lo que debía de su automóvil y siempre tiene el dinero que necesita. Sus días son buenos no importa lo que está ocurriendo. Y se volvió a casar ¡con su primer amor de cuando estaban en décimo grado!

> *"La gratitud por la abundancia que has recibido es la mejor garantía de que la abundancia continuará".*
>
> *Mahoma* (570-632)
> FUNDADOR DEL ISLAM

Si practicas un poco de gratitud, tu vida cambiará un poco. Si practicas mucha gratitud todos los días, tu vida cambiará en maneras que apenas eres capaz de imaginar ahora. No sólo la gratitud lo multiplica todo en tu vida, sino que también elimina las cosas negativas. No importa cuán negativa sea la situación en que te encuentras, *siempre* puedes encontrar algo por lo que estar agradecido, y al hacerlo, aprovechas la fuerza del amor que elimina la negatividad.

La gratitud es el puente hacia el amor

"Si permanecemos callados y suficientemente preparados, encontraremos compensación en cada decepción".

Henry David Thoreau (1817-1862)

AUTOR TRASCENDENTALISTA

La gratitud llevó a mi madre desde el más profundo desconsuelo hacia la felicidad. Mi madre y mi padre se enamoraron virtualmente a primera vista, y tuvieron el más bello romance y matrimonio que he visto. Cuando mi padre murió, mi madre quedó enormemente desconsolada, porque le echaba mucho de menos. Pero en medio de su pena y dolor, mi madre comenzó a buscar cosas por las que estar agradecida. Además de estar agradecida por todo lo que había recibido de las décadas de amor y felicidad con mi padre, buscó cosas que agradecer en el futuro. Lo primero que encontró por lo que estar agradecida fue que ahora podía viajar. Viajar era algo que mi madre siempre quiso hacer pero no lo hizo mientras mi padre estaba vivo porque él nunca quiso viajar. Mi madre hizo realidad su sueño. Viajó e hizo muchas otras cosas que siempre había querido hacer. La gratitud fue el puente que sacó a mi madre de su inmenso dolor y la llevó a crear una nueva vida de felicidad.

Es imposible sentirse triste o tener sentimientos negativos cuando estás agradecido. Si estás en medio de una situación difícil, busca algo que agradecer. Cuando encuentres algo, entonces busca otra cosa más, y después otra, porque cada cosa que encuentres por la que estar agradecido cambia la situación. ¡La gratitud es el puente que te lleva desde los sentimientos negativos hasta aprovechar la fuerza del amor!

"La gratitud es una vacuna, una antitoxina y un antiséptico".

John Henry Jowett (1864-1923)
PREDICADOR PRESBITERIANO Y ESCRITOR

Cuando te ocurre algo bueno en el curso de tu día, da gracias. No importa cuán pequeño sea, di *gracias*. Cuando consigues el estacionamiento perfecto, escuchas tu canción favorita en la radio, llegas a un semáforo que te da luz verde o encuentras un asiento vacío en el autobús o el tren, di *gracias*. Estas son todas cosas buenas que estás recibiendo de la vida.

Da gracias por tus sentidos: los ojos que ven, los oídos que oyen, la boca que saborea, la nariz que huele y la piel que te deja sentir. Da gracias por las piernas para caminar, las manos que usas para hacerlo casi todo, la voz que te permite expresarte y comunicarte con otros. Da gracias por el increíble sistema de inmunidad que te mantiene sano o te cura y por los órganos que mantienen tu cuerpo inmaculado para que puedas vivir. Da gracias por la magnificencia de tu mente humana que ninguna tecnología de computación en el mundo puede igualar. Tu cuerpo entero es el mejor laboratorio en el planeta y no hay nada que pueda siquiera aproximarse a replicar su magnificencia. ¡Eres un milagro!

Da gracias por tu hogar, tu familia, tus amigos, tu trabajo y tus mascotas. Da gracias por el sol, el agua que bebes, el alimento que comes y el aire que respiras, sin los cuales no estarías vivo.

Da gracias por los árboles, los animales, los océanos, los pájaros, las flores, las plantas, los cielos azules, la lluvia, las estrellas, la luna y nuestro bello planeta.

Da gracias por el transporte que utilizas cada día. Da gracias por todas las compañías que te suministran servicios esenciales para que puedas vivir con comodidades. Tantos seres humanos se han esforzado y sudado para que puedas abrir un grifo y tener agua fresca. Tantos seres humanos entregaron el trabajo de sus vidas para que puedas apretar el botón de la luz y tener electricidad. Piensa en la magnitud de seres humanos que trabajaron como esclavos día tras día, año tras año, para colocar vías férreas a través de todo el planeta. Y es casi imposible imaginar el número de personas que se rompieron el lomo trabajando en las carreteras sobre las que manejamos y que forman una red de conexión en la vida del mundo.

"En la vida cotidiana apenas nos damos cuenta de que recibimos mucho más que lo que damos, y que sólo mediante la gratitud se enriquece la vida".

Dietrich Bonhoeffer (1906-1945)
PASTOR LUTERANO

Para utilizar el poder de la gratitud, practícala. Mientras más gratitud *sientes*, más amor *das*; y mientras más amor das, más *recibes*.

¿Te sientes agradecido por tu salud cuando estás bien? ¿O nada más notas la salud cuando tu cuerpo se enferma o te duele?

¿Te sientes agradecido cuando duermes bien por la noche? ¿O das por sentado que duermes bien y sólo piensas en dormir cuando te sientes privado del sueño?

¿Te sientes agradecido por tus seres queridos cuando todo marcha bien? ¿O sólo hablas acerca de tus relaciones cuando surgen problemas?

¿Estás agradecido por la electricidad cuando usas un efecto eléctrico o prendes una luz? ¿O sólo piensas en la electricidad cuando hay un apagón?

¿Estás agradecido por estar vivo cada día?

Cada segundo es una oportunidad de estar agradecido y multiplicar las cosas que amas. Yo antes pensaba que era una persona agradecida, pero no supe realmente lo que es la gratitud hasta que la practiqué.

Si estoy manejando o caminando, uso el tiempo para dar gracias por todo en la vida. Aun cuando camino de la cocina al baño doy gracias. Digo con el corazón: "Gracias por la vida. Gracias por la armonía. Gracias por la alegría. Gracias por la salud. Gracias por la diversión y las emociones. Gracias por la maravilla de la vida. Gracias por todo lo fenomenal y bueno en mi vida".

¡Sé agradecido! La gratitud no te cuesta nada, pero vale más que todas las riquezas del mundo. La gratitud te enriquece con todas las riquezas del mundo, porque cuando sientes gratitud por cualquier cosa, ¡se multiplica!

La llave del juego

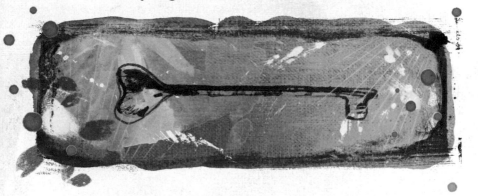

Hay cierta manera de hacerte sentir bien acerca de cualquier tema en la vida, y es crear juegos imaginarios y jugar. Los juegos son divertidos, y de ese modo, cuando juegas te sientes muy bien.

En algún momento dejamos de jugar y divertirnos como cuando éramos niños con el resultado de que, cuando nos hicimos adultos, adoptamos una mayor seriedad sobre la vida. Pero la seriedad trae circunstancias serias a tu vida. Cuando juegas y te diviertes, te sientes muy bien y —*voilà*— circunstancias muy buenas entran en tu vida.

Se supone que la vida sea divertida. Juega con la ley de atracción, inventa juegos imaginarios, porque la ley de atracción no sabe ni le importa si estás imaginando y jugando o si es de verdad. Cualquier cosa que entregues en imaginación y sentimiento ¡se convertirá en realidad!

Cómo se juega

*"La ley del amor podría entenderse y aprenderse
mejor a través de niños pequeños".*

Mahatma Gandhi (1869-1948)
LÍDER POLÍTICO INDIO

¿Cómo se juega? Haces lo mismo que hacías cuando eras
niño, y usas la imaginación para crear juegos que parezcan
verdad.

Imaginemos que eres un ciclista y quieres convertirte
en el mejor ciclista del mundo y ganar el Tour de Francia. Tu
entrenamiento va bien y tu sueño va camino de realizarse,
pero te diagnostican una enfermedad que te da sólo un 40%
de posibilidades de sobrevivir. Durante el tratamiento, te
imaginas que estás participando en el Tour de Francia y que
es la carrera de tu vida. Imaginas que el equipo médico es
tu equipo de entrenadores que te dan tus resultados en cada
sitio en que haces escala. Cada día te imaginas que estás
compitiendo en una prueba contra el reloj ¡y tus tiempos están
mejorando más y más! Ganas la carrera con tu equipo médico
y te sobrepones a la enfermedad.

Un año después de recuperar la salud, ganas el Tour de
Francia y continúas haciéndolo siete años consecutivos ¡y te
conviertes en el único ciclista en la historia del ciclismo en
lograrlo! Esto es lo que hizo Lance Armstrong. Aprovechó las

circunstancias más difíciles y las utilizó como accesorios para crear un juego imaginario y hacer su sueño realidad.

Digamos que quieres tener el cuerpo mejor formado del mundo y también quieres ser un actor famoso en Estados Unidos. Vives en una pequeña aldea en Europa y vienes de una familia que ha tenido problemas financieros, pero sigues imaginando tu sueño. Te guías por la foto de un héroe para esculpir tu cuerpo e imaginas que ganas el título del cuerpo mejor formado en Europa. Ganas el título siete veces y llega la hora de convertirte en un actor famoso. Viajas a Estados Unidos, pero nadie cree que tengas madera de actor y te dan todas las razones posibles por las que nunca podrías realizar tu sueño. Pero has imaginado que eres un actor famoso y puedes sentir el triunfo, lo puedes saborear y sabes bien que ocurrirá. Esto es lo que hizo Arnold Schwarzenegger cuando ganó el título de Mr. Olympia siete veces y después se convirtió en uno de los nombres más grandes en Hollywood.

Imagina que quieres ser un gran inventor. En tu niñez tu mente se siente extremadamente desafiada; estás abrumado por alucinaciones y destellos de una luz enceguecedora. No logras terminar tus estudios universitarios y abandonas tu trabajo debido a una crisis nerviosa. Para lograr alivio de las paralizantes alucinaciones tomas control de tu mente mediante la creación de tu propio mundo imaginario. Inspirado por la idea de un futuro más brillante, diriges tu imaginación hacia nuevos inventos. Creas un invento completamente en tu imaginación; cambias la construcción, haces mejoras e incluso haces funcionar el aparato sin siquiera dibujar un bosquejo. Creas un laboratorio en tu mente y usas la imaginación para medir el desgaste del nuevo invento antes de convertir tu idea en un aparato físico. Esto fue lo que hizo Nikola Tesla para convertirse en uno de los más grandes inventores. Ya fuera la corriente alterna, la radio, el amplificador, la comunicación sin hilo, la luz fluorescente, el rayo láser, el control remoto o cualquiera de los más de trescientos otros inventos patentados, todos habían sido desarrollados exactamente de esta manera: a través del poder de su imaginación.

"La lógica te lleva del punto A al B. La imaginación te lleva a todas partes".

Albert Einstein (1879-1955)
FÍSICO GANADOR DEL PREMIO NOBEL

Cualquier cosa que quieras, usa la imaginación, crea juegos y juega. Usa todos los accesorios que puedas hallar para ayudarte. Si quieres perder peso o tener un mejor cuerpo, crea juegos para sentirte como si ya tuvieras ese cuerpo ahora. Puedes rodearte de fotos de cuerpos formidables, pero el truco es éste: ¡Debes imaginar que esos cuerpos son tuyos! Debes imaginar y sentir que estás mirando *tu* propio cuerpo, no el de otra persona.

Si tienes peso de más o estás falto de peso, pero tuvieras en estos momentos el peso perfecto, ¿cómo te sentirías? Te sentirías diferente de cómo te sientes ahora. Todo lo tuyo cambiaría. Caminarías diferente, hablarías diferente y harías las cosas de manera diferente. ¡Pues camina de esa forma ahora! ¡Habla de esa forma ahora! ¡Compórtate como si lo tuvieras ahora! No tiene importancia lo que quieres; imagina cómo te sentirías si lo tuvieras y compórtate de esa forma en tu imaginación. Cualquier cosa que imaginas con sentimiento, se la estás entregando a la ley de atracción, y debes recibirla.

Lance Armstrong, Arnold Schwarzenegger, Nikola Tesla, todas estas personas jugaron con su imaginación y sintieron sus sueños con todo su corazón. Sus imaginaciones se hicieron tan reales para ellos que pudieron *sentir* sus sueños y tener la certeza de que ocurrirían. No importa cuán lejos te parezca que está tu sueño. Está mucho más cerca que nada en tu vida, ¡porque todo el poder de traerte ese sueño está dentro de ti!

"Al que cree todo le es posible".

Jesús (CIRCA. 5 AC-CIRCA AD 30)
FUNDADOR DEL CRISTIANISMO, EN MARCOS 9:23

En el futuro veremos más y más descubrimientos acerca del poder de nuestra imaginación. Ya los científicos han descubierto células espejos especiales que activan las mismas áreas del cerebro cuando imaginas que estás haciendo algo y cuando estás físicamente realizándolo. En otras palabras, simplemente imaginando lo que quieres hacer, tu cerebro responderá inmediatamente como si fuera real.

Si hablas de algo del pasado o del futuro, estás imaginando esas cosas ahora, estás sintiendo esas cosas ahora, estás en esa frecuencia ahora, y eso es lo que la ley de atracción está recibiendo. Cuando estás imaginando tu sueño, la ley de atracción lo está recibiendo. Recuerda, para la ley de atracción no existe el tiempo. Sólo existe este momento ahora.

Cuando hay una demora en recibir lo que quieres, es sólo porque te ha tomado tiempo a *ti* incorporarte a la misma frecuencia de sentimiento en que está tu deseo. Y para entrar en la misma frecuencia que tu deseo, ¡tienes que sentir amor por lo que deseas ahora! Cuando entras en la misma frecuencia de sentimiento y permaneces en ella, lo que deseas aparece.

"Todo lo que puedas necesitar o desear ya es tuyo. Invita a tus deseos a que existan imaginando y sintiendo que tu deseo ya ha sido satisfecho".

Neville Goddard (1905-1972)
AUTOR DEL NUEVO PENSAMIENTO

Cuando estás realmente emocionado por algo que ha ocurrido y te sientes fenomenal, capta esa energía e imagina tu sueño. ¡Destellos rápidos que te muevan a imaginar y sentir tu sueño es todo lo que necesitas para aprovechar el poder de tus emocionados sentimientos para todo lo que quieres! Éste es el juego. Es divertido. Ésta es la alegría de crear tu vida.

PUNTOS DE PODER

La llave del amor

- *Para usar el amor como el poder definitivo en tu vida, debes amar como nunca antes. ¡Enamórate de la vida!*

- *Ve sólo amor, oye sólo amor, habla sólo amor y siente amor con todo tu corazón.*

- *No hay límite, no hay restricción a la cantidad de amor que eres capaz de sentir, ¡y todo está dentro de ti! Estás hecho de amor.*

- *Dile a la ley de atracción lo que amas cada día señalando las cosas que amas y sintiéndolas.*

- *Para cambiar tu manera de sentirte, o para elevar más aún los sentimientos buenos, ¡haz una lista mental de todo lo que amas y adoras!*

- *Tu tarea es amar lo más posible todos los días.*

- *Haz un esfuerzo consciente para percatarte lo más que puedas cada día del mayor número de cosas que amas alrededor tuyo.*

La llave de la gratitud

- *Cada vez que te sientes agradecido estás* dando *amor.*

- *Sé agradecido por todo lo que has recibido en la vida (el pasado).*
  Sé agradecido por todo lo que estás recibiendo en la vida (el presente).
  Sé agradecido por lo que quieres en la vida, como si ya lo hubieras recibido (el futuro).

- *Tu gratitud lo multiplicará todo en tu vida.*

- *¡La gratitud es el puente que va de los sentimientos negativos al aprovechamiento de la fuerza del amor!*

- *Para aprovechar el poder de la gratitud, practícala. Cuando algo bueno ocurre en tu día, da gracias. No importa cuán pequeño es, di gracias.*

- *Mientras más sientes gratitud, más amor das; y mientras más amor das, más recibes.*

- *Cada segundo es una oportunidad para ser agradecido y multiplicar las cosas que amas.*

La llave del juego

- *Cuando juegas te sientes muy bien, y muy buenas circunstancias entran en tu vida. La seriedad trae circunstancias serias.*

- *¡Se supone que la vida sea divertida!*

- *La ley de atracción no sabe si estás imaginando y jugando, así que cualquier cosa que entregues en imaginación y en juego ¡se convertirá en realidad!*

- *Cualquier cosa que quieras, usa la imaginación, usa todos los accesorios que puedas, crea juegos y juega.*

- *¡Actúa como si lo tuvieras ahora! Cualquier cosa que imagines con sentimiento, se la estás entregando a la ley de atracción, y debes recibirla.*

- *Si hay una demora en recibir lo que quieres, es sólo por el tiempo que te ha tomado a ti entrar en la misma frecuencia de sentimiento que tu deseo.*

- *Cuando estás emocionado por algo y te sientes fenomenal, capta esa energía e imagina tu sueño.*

EL PODER Y
EL DINERO

"La pobreza consiste en sentirse pobre".

Ralph Waldo Emerson (1803-1882)

AUTOR TRASCENDENTALISTA

¿Cómo te sientes acerca del dinero? La mayoría de las personas dirían que aman el dinero, pero si no tienen suficiente, no se sienten nada bien acerca de él. Si una persona tiene todo el dinero que necesita, entonces es casi seguro que se siente bien acerca del dinero. Así que puedes saber cómo te sientes acerca del dinero, porque si no tienes todo el que necesitas, entonces no te sientes bien acerca del dinero.

Si miras hacia el mundo, verás que la mayoría de las personas no se sienten bien acerca del dinero, porque la mayor parte del dinero y las riquezas del mundo están en manos del 10% de la gente. La única diferencia entre la gente rica y todos los demás es que la gente rica da más sentimientos buenos que malos acerca del dinero. Es así de simple.

¿Por qué tantas personas se sienten mal acerca del dinero? No es porque nunca han tenido dinero, porque la mayoría de las personas que tienen dinero comenzaron con nada. La razón

por la cual tantas personas se sienten mal acerca del dinero es
que tienen creencias negativas acerca del dinero, y esas creencias
negativas les fueron inculcadas en su subconsciente cuando eran
niños. Creencias como, "No tenemos dinero suficiente para
comprar eso", "El dinero es maligno", "La gente rica tiene que
ser deshonesta", "Querer tener dinero es malo y no es espiritual",
"Tener mucho dinero significa tener que trabajar muy duro".

Cuando uno es un niño, uno acepta todo lo que sus padres,
maestros o la sociedad le dicen. Y así, sin darse cuenta, crece
teniendo sentimientos negativos acerca del dinero. La ironía
es que al mismo tiempo que le dicen a uno que querer dinero
es malo, le dicen que tiene que ganarse la vida, aunque ello
signifique trabajar en algo que no le gusta. Tal vez incluso le
dicen que sólo hay ciertos tipos de trabajo que puedes hacer
para ganarte la vida, que la lista es limitada.

Ninguna de estas cosas es cierta. Las personas que nos decían
esas cosas no tienen culpa porque estaban comunicando lo que
ellos creían que era verdad, pero por creerlo, la ley de atracción
lo hizo realidad en sus vidas. Ahora tú estás aprendiendo que la
vida funciona en una forma completamente diferente. Si te falta
dinero en tu vida es porque estás proyectando más sentimientos
malos que buenos acerca del dinero.

"Cuando te das cuenta de que no te falta nada, el
mundo entero te pertenece".

Lao Tzu (CIRCA SIGLO 6 AC)
FUNDADOR DEL TAOÍSMO

El amor es poder que se pega

Yo tuve un pasado humilde y, aunque mis padres no querían tener mucho dinero, pasaron trabajo para que les alcanzara para vivir. Así que crecí con las mismas creencias negativas acerca del dinero que la mayoría de la gente. Sabía que tenía que cambiar mi manera de sentirme acerca del dinero para que mis circunstancias cambiaran, ¡y sabía que tenía que cambiar completamente para que el dinero no sólo me llegara sino que se me pegara!

Podía ver que las personas que tenían dinero no sólo lo atraían hacia ellos sino que también hacían que el dinero se les pegara. Si uno toma todo el dinero del mundo y lo distribuye equitativamente entre todas las personas, en muy poco tiempo todo el dinero regresaría a las manos de un pequeño porcentaje de esas personas, porque la ley de atracción tiene que seguir al amor, de modo que sólo el pequeño percentaje de los que se sienten bien acerca del dinero lo atraería como un imán hacia ellos. La fuerza del amor mueve todo el dinero y las riquezas del mundo, y lo hace de acuerdo con la ley.

"Éste es un principio eterno y fundamental, inherente a todas las cosas, en cada sistema filosófico, en cada religión y en cada ciencia. No hay manera de escapar de la ley del amor".

Charles Haanel (1866-1949)

AUTOR DEL NUEVO PENSAMIENTO

Puedes ver funcionar la ley de atracción cuando la gente se gana la lotería. Se imaginaron y sintieron con todo su corazón que se ganarían la lotería. Hablaron sobre *cuándo* se iban a ganar la lotería, no *si* se la iban a ganar, y planearon e imaginaron lo que iban a hacer *cuando* se la ganaran. ¡Y se la ganaron! Pero las estadísticas de los ganadores de lotería muestran la verdadera evidencia sobre si el dinero se queda con ellos o no. Pocos años después de ganarse la lotería la mayoría de las personas han perdido el dinero y están más endeudadas que antes.

Esto ocurre porque utilizaron la ley de atracción para ganar la lotería, pero a pesar de haber recibido dinero, no cambiaron su verdadera manera de pensar acerca del dinero y lo perdieron todo. ¡El dinero no se les pegó!

Cuando no te sientes bien acerca del dinero, lo rechazas. Nunca se te pegará. Aun cuando recibes dinero extra con el que no habías contado, en poco tiempo verás que se te escapó entre los dedos. Llegan cuentas más altas, las cosas se dañan, y circunstancias imprevistas de cualquier tipo ocurren, todo lo cual drena el dinero y te lo arrebata de las manos.

¿Entonces qué es lo que hace que el dinero se pegue? ¡El amor! El amor es la fuerza de atracción que trae el dinero, ¡y es el amor el poder que hace que se pegue! No tiene que ver si eres una buena persona o no. Ese aspecto de tu persona está más allá de cualquier tipo de duda, porque eres más magnífico de lo que crees.

Tienes que proyectar amor y sentirte bien acerca del dinero para atraerlo hacia ti, ¡y que se te pegue! En este momento, si te hace falta dinero y lo que debes en tu tarjeta de crédito va en aumento, no tienes poder para que se te pegue y estás rechazando el dinero.

No importa en qué estado financiero te encuentres ahora. No importa el estado financiero en que se encuentre tu negocio, tu país o el mundo. No existe el concepto de una situación sin esperanza. Hay personas que vivieron durante la gran depresión y prosperaron porque conocían la ley del amor y de atracción. Vivieron la ley imaginando y sintiendo todo lo que deseaban y desafiaron las circunstancias que los rodeaban.

"Deja que nuestras vidas sean buenas, y los tiempos serán buenos. Hacemos nuestros propios tiempos; tal como somos, así son los tiempos".

San Agustín de Hippo (354-430)
TEÓLOGO Y OBISPO

La fuerza del amor puede abrirse paso a través de cualquier obstáculo o situación. Los problemas del mundo no son obstáculo para la fuerza del amor. La ley de atracción funciona con el mismo poder, sean favorables los tiempos o no.

Cómo cambiar tu manera de sentirte acerca del dinero

Cuando cambies la manera de sentirte acerca del dinero, la cantidad de dinero en tu vida cambiará. Mientras mejor te sientas acerca del dinero, más dinero magnetizarás hacia ti.

Si no tienes mucho dinero, recibir más cuentas no te va a hacer sentir bien. Pero en el momento en que reaccionas negativamente a una cuenta grande, estás proyectando malos sentimientos y con toda seguridad recibirás más cuentas grandes. Cualquier cosa que das, la recibes de vuelta. Lo más importante es que cuando pagues tus cuentas, encuentres una manera, cualquiera que sea, de obligarte a sentirte bien. Nunca pagues tus cuentas cuando no te sientes bien, porque no harás más que atraer cuentas más altas.

Para cambiar lo que estás sintiendo, necesitas usar tu imaginación y convertir las cuentas en algo que te haga sentir mejor. Puedes imaginar que no son realmente cuentas sino que por tu propia bondad has decidido donar dinero a cada compañía o persona por el magnífico servicio que prestan.

Imagina que tus cuentas son cheques que recibes. O usa la gratitud y da gracias a la compañía que te envió la cuenta pensando cómo te has beneficiado por su servicio, por la electricidad o por poder contar con una casa donde vivir. Puedes hacer una nota en el frente de la cuenta que diga: "Gracias —pagado". Si no tienes dinero para pagar la cuenta enseguida, escribe una nota en el frente que diga: "Gracias por el dinero". La ley de atracción no cuestiona si lo que imaginas y sientes es real o no. Responde a lo que das, punto.

"Se te recompensa no de acuerdo con tu trabajo o tu tiempo, sino de acuerdo con la medida de tu amor".

Santa Catalina De Siena (1347-1380)

FILÓSOFA Y DOCTORA DE LA IGLESIA CATÓLICA.

Cuando recibes tu salario, ¡sé agradecido para que se multiplique! La mayoría de las personas ni siquiera se sienten bien cuando les pagan porque están preocupadas acerca de cómo hacer que el salario les dure. Pierden una increíble oportunidad de dar amor cada vez que les pagan. Cuando te llega a las manos algún dinero, no importa cuán poco sea, ¡sé agradecido! Recuerda que cualquier cosa que agradeces se multiplica. ¡La gratitud es la gran multiplicadora!

Aprovecha cada oportunidad para jugar

Aprovecha cada momento en que estás manejando dinero para hacer que el dinero se multiplique por sentirte bien. ¡Siente amor cuando pagas por cualquier cosa! ¡Siente amor cuando entregas dinero! Siente amor con todo tu corazón imaginando cómo tu dinero está ayudando a la compañía y al personal que trabaja allí. Te hará sentir bien acerca del dinero que estás entregando en lugar de sentirte mal porque tienes menos dinero. La diferencia entre estas dos cosas es la diferencia entre tener mucho dinero y pasar trabajo por falta de dinero el resto de tu vida.

Hay un juego que puedes jugar para acordarte de sentirte bien acerca del dinero cada vez que lo manejas. Imagina un billete de un dólar. Imagina el frente del billete de un dólar como el lado positivo que representa mucho dinero. Imagina el reverso del billete como el lado negativo que representa la falta de dinero. Cada vez que manejas dinero, dale vuelta deliberadamente para que el billete esté de cara hacia ti. Coloca los billetes en tu billetera de cara hacia ti. Cuando entregas dinero, asegúrate de que el frente esté hacia arriba. Haciendo esto estás usando el dinero como un recordatorio para sentirte bien acerca del dinero en abundancia.

Si estás usando una tarjeta de crédito, dala vuelta para que el frente donde está tu nombre esté hacia arriba, porque así el frente te está diciendo que hay una abundancia de dinero ¡y que tiene tu nombre!

Cuando pagues por algo, al entregar tu tarjeta o dinero en efectivo imagina una abundancia de dinero para la persona a quien le estás haciendo el pago, y siéntelo. ¡Cualquier cosa que das la recibes de vuelta!

Imagina que eres rico en este momento. Imagina que ahora tienes todo el dinero que necesitas. ¿Qué harías diferente en tu vida? Piensa en la cosas que harías. ¿Cómo te sentirías? Te sentirías diferente y por sentirte diferente, caminarías diferente. Hablarías diferente. La postura de tu cuerpo sería diferente y te moverías de manera diferente. Reaccionarías a todo de manera diferente. Tu reacción hacia las cuentas sería diferente. Tu reacción hacia las personas, circunstancias, hechos y todo en la vida sería diferente. ¡Porque te *sentirías* diferente! Estarías relajado. Tendrías paz mental. Te sentirías feliz. Tendrías una actitud fácil ante todo. Disfrutarías cada día sin pensar en el mañana. Ése el es sentimiento que tienes que captar. Ése es el sentimiento de amor hacia el dinero, ¡y ese sentimiento es magnéticamente pegajoso!

"Capta el sentimiento asociado con tu deseo realizado asumiendo el sentimiento que sería tuyo si ya estuvieras en posesión de tu deseo, y tu deseo se materializará".

Neville Goddard (1905-1972)
AUTOR DEL NUEVO PENSAMIENTO

Dile que sí al dinero

Recuerda, cada vez que sepas de alguien que recibe más dinero o tiene éxito, emociónate, ¡porque quiere decir que estás en esa frecuencia! Es una prueba de que estás en una buena frecuencia, así que emociónate como si te estuviera ocurriendo a ti, porque tu reacción a esa noticia es todo. Si reaccionas con alegría y emoción por esa otra persona, estás diciéndole que *sí* a más dinero y éxito para ti también. Si reaccionas sintiendo decepción o envidia porque no te está ocurriendo a ti, tus sentimientos malos le están diciendo que *no* a más dinero y éxito para ti. Si sabes de una persona que se gana la lotería, o sabes de una compañía que está teniendo ganancias récord, emociónate y alégrate por ellos. El hecho de oír la noticia te dice que estás en la misma frecuencia, ¡y tu reacción sintiéndote bien por esas personas te dice que *sí* a ti!

Hace algunos años, llegué al punto más bajo de mi vida en cuestión de dinero. Tenía varias tarjetas de crédito que se habían disparado, mi apartamento estaba hipotecado al máximo, y mi compañía se había endeudado en millones de dólares porque estaba filmando una película titulada *El Secreto*. Pienso que mi situación de dinero estaba tal vez peor que lo que le habría podido ocurrir a nadie. Quería dinero para terminar la película, conocía la ley de atracción y sabía que tenía que sentirme bien acerca del dinero para atraerlo. Pero no era fácil porque cada día me enfrentaba a la creciente deuda, a gente pidiéndome dinero y no tenía idea cómo me las iba a arreglar para pagar los salarios de mi personal. Así que tomé una acción drástica.

Caminé hacia un cajero electrónico y saqué varios cientos de dólares de mi cuenta de tarjeta de crédito. Tenía mucha necesidad de dinero para pagar mis cuentas y comprar comida, pero agarré el dinero y eché a andar por una calle llena de gente y repartí el dinero entre la gente de la calle.

Tomaba un billete de $50 y, caminando, observaba el rostro de cada persona que caminaba hacia mí tratando de decidir a quién darle el dinero. Quería darle dinero a cada persona, pero sólo tenía cierta cantidad. Dejé que mi corazón escogiera y le regalé dinero a todo tipo de personas. Fue la primera vez en mi vida que había sentido amor hacia el dinero. Pero no fue el dinero en sí lo que me hacía sentir amor, sino el hecho de regalarle dinero a gente me hizo sentir amor por el dinero. Era viernes y estuve llorando de alegría todo el fin de semana por sentirme tan bien regalando dinero.

El lunes por la tarde ocurrió algo insólito: mi cuenta bancaria recibió $25,000 mediante la más increíble sucesión de hechos. Esos $25,000 cayeron en mi vida y en mi cuenta literalmente del cielo. Había comprado unas acciones de la compañía de un amigo unos años antes y las había olvidado porque nunca habían aumentado de valor. Pero ese lunes por la mañana recibí una llamada telefónica preguntándome si quería vender las acciones, pues su valor se había disparado astronómicamente, y el lunes por la tarde el dinero de esas acciones estaba depositado en mi cuenta.

Yo no planeé repartir dinero para atraer más dinero hacia mí. Repartí dinero para sentir amor por el dinero. Quería cambiar una vida entera de malos sentimientos acerca del dinero. Si hubiera repartido el dinero para conseguir dinero, nunca lo habría logrado porque habría estado motivada por un sentimiento de falta de dinero, lo cual es negativo, en lugar de estar motivada por el amor. Pero si repartes dinero, y sientes amor cuando lo haces, lo más seguro es que te regrese. Un hombre firmó un cheque y donó $100 a una obra de caridad que consideró que realmente valía la pena. En menos de diez horas de haber firmado el cheque, cerró la mayor venta que había realizado jamás en su compañía.

"No se trata de cuánto dinero damos, sino cuánto amor sentimos al darlo".

Madre Teresa (1910-1997)
MISIONERA GANADORA DEL PREMIO NOBEL

Si estás teniendo dificultades con el dinero, para sentirte muy bien acerca del dinero puedes enviar pensamientos de abundancia de dinero a las personas que ves en la calle durante el día. Míralas los rostros, imagínate dándoles mucho dinero e imagina su alegría. Siéntelo y muévete hacia la próxima persona. Es algo simple, pero si realmente lo sientes, te cambiará tu manera de sentirte acerca del dinero, y te cambiará las circunstancias de dinero en tu vida.

Carrera y negocios

"Un verdadero genio sin corazón es algo vano, pues no es la comprensión sola, ni la inteligencia sola, ni ambas juntas las que hacen al genio. ¡El amor! ¡El amor! ¡El amor! He ahí el alma del genio".

Nikolaus Joseph von Jacquín (1727-1817)

CIENTÍFICO HOLANDÉS

Es la atractiva fuerza del amor lo que mueve todo el dinero del mundo, y todo aquél que dé amor sintiéndose bien es un imán para el dinero. No tienes que ganar dinero para demostrar tu valor. ¡Eres digno de todo el amor que necesitas ahora! ¡Eres merecedor del dinero que necesitas ahora! Estás llamado a trabajar por la alegría que te produce. Estás llamado a trabajar porque te emociona y te excita. ¡Estás llamado a trabajar porque lo amas! Y cuando amas lo que haces, ¡el dinero viene detrás!

Si estás en un trabajo porque crees que es la única manera de ganar dinero y no lo amas, nunca tendrás el trabajo que amas de esa manera. El trabajo que amas existe ahora, y lo único que tienes que hacer para atraerlo hacia ti es dar amor. Imagina y siente que tienes el trabajo ahora, y lo recibirás.

Busca todo lo bueno que tenga el trabajo que tienes y ama esas cosas, porque cuando das amor, todo lo que amas viene detrás. ¡El trabajo que amas entrará simplemente en tu vida!

Un hombre desempleado solicitó un trabajo que siempre había querido. Después de solicitarlo, creó una carta de oferta imaginaria de la compañía que incluía su salario y los detalles de su trabajo. Creó una tarjeta de presentación con su nombre y el logotipo de la compañía y miró la tarjeta con sentimientos de gratitud por trabajar para la compañía. Escribió correos electrónicos cada cierto número de días felicitándose por haber obtenido el trabajo.

Este hombre avanzó de una entrevista por teléfono a entrevistas en persona con diez personas. Dos horas después de sus entrevistas, la compañía lo llamó con la noticia de que el empleo era suyo. El hombre recibió el trabajo que siempre había querido con un salario muy superior al que había incluido en su carta de oferta imaginaria.

Aunque no sepas lo que quieres hacer en tu vida, todo lo que tienes que hacer es dar amor a través de buenos sentimientos, y magnetizarás hacia ti todo lo que amas. Tus sentimientos de amor te guiarán hacia tu propósito. El trabajo de tus sueños está en la frecuencia del amor, y para recibirlo sólo tienes que llegar allí.

"El éxito no es la llave de la felicidad. Es la felicidad la que es la llave del éxito".

Albert Schweitzer (1875-1965)

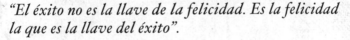

MISIONERO MÉDICO Y FILÓSOFO
GANADOR DEL PREMIO NOBEL

El éxito en los negocios funciona exactamente del mismo modo. Si tienes un negocio pero no marcha tan bien como que quisieras, entonces algo no se está pegando en tu negocio. La causa mayor de que los negocios se descompongan es proyectar malos sentimientos acerca de la falta de éxito. Aunque el negocio haya estado funcionando bien, si reaccionas con malos sentimientos cuando ocurre una ligera baja, crearás un bajón mucho mayor. Toda la inspiración y las ideas que harán que tu negocio se dispare hacia niveles que apenas imaginas están en la frecuencia del amor, así que tienes que encontrar la manera de sentirte bien acerca de tu negocio e instalarte en la frecuencia más alta que puedas.

Imagina, juega y crea juegos, y haz lo posible por levantarte el espíritu y sentirte bien. Cuando elevas tus sentimientos, elevarás tu negocio. En cada parte de tu vida, cada día, ama todo lo que ves, ama lo que te rodea, ¡y ama el éxito de otras compañías como si fuera tu propio éxito! Si te sientes realmente bien acerca del éxito, sin importar el de quién, ¡haces que tu propio éxito se te pegue!

En los negocios o en cualquier trabajo que hagas, asegúrate de *dar* en igual medida que el dinero que *recibes* en ganancias o salario. Si das menos valor que el dinero que recibes, tu negocio o tu carrera estará condenada al fracaso. Simplemente no puedes quitarle a nadie en la vida porque te lo estarás quitando a ti. En todo momento da igual valor que lo que estás recibiendo. La única manera en que puedes estar seguro de estar haciendo eso es dando *más* valor que el dinero que estás recibiendo. Si das más valor que el dinero que estás recibiendo, tu negocio y tu carrera harán un despegue.

El amor tiene maneras ilimitadas para que tú recibas

El dinero es sólo una herramienta para que puedas disfrutar las cosas que amas en la vida. Cuando piensas en las cosas que puedes hacer con el dinero, sentirás mucho más amor y alegría que cuando piensas sólo en el dinero. Imagina que estás con lo que amas y te gusta, haciendo lo que te gusta y teniendo las cosas que te gustan, porque entonces sentirás mucho más amor que si sólo piensas en el dinero.

La atractiva fuerza del amor tiene maneras ilimitadas de que recibas lo que quieres, y sólo una de esas maneras incluye el dinero. No cometas el error de pensar que el dinero es la única manera en que puedes recibir algo. ¡Eso es pensar limitadamente y limitarás tu vida!

Mi hermana atrajo un nuevo automóvil mediante la más audaz secuencia de hechos. Cuando manejaba hacia el trabajo se vio atrapada en una inundación instantánea y su automóvil quedó detenido en el agua. A insistencia de un trabajador de un equipo de rescate de emergencia, la llevaron hacia terreno seco, aunque el nivel del agua no ofrecía peligro. Se rió durante toda la experiencia y su rescate incluso se trasmitió por televisión en el noticiero de la noche. El automóvil de mi hermana se dañó irreparablemente y en menos de dos semanas recibió un cheque por mucho dinero, con el que se compró el automóvil de sus sueños.

La parte más maravillosa de esta historia es que mi hermana estaba renovando una casa en ese momento y no tenía dinero extra para un automóvil nuevo. Ni siquiera imaginó tener un automóvil nuevo. Había atraído un bello automóvil nuevo porque había derramado lágrimas de alegría cuando supo que nuestra otra hermana había adquirido un automóvil nuevo. Mi hermana estaba tan feliz y dio tanto amor cuando nuestra otra hermana obtuvo su nuevo automóvil que la ley de atracción movió todos los elementos, circunstancias y hechos para entregarle a ella también un automóvil nuevo. ¡Ése es el poder del amor!

No sabrás cómo vas a recibir lo que quieres hasta que lo recibes, pero la fuerza del amor sí lo sabe. No obstruyas tu propio camino y ten fe. Imagina lo que quieres, siente felicidad dentro de ti, y la atractiva fuerza del amor hallará la manera perfecta de que lo recibas. Nuestras mentes humanas son limitadas, pero la inteligencia de la fuerza del amor es ilimitada. Sus maneras sobrepasan nuestra comprensión. No limites tu vida pensando que el dinero es la única manera de obtener algo que quieres. No hagas que el dinero sea tu único objetivo, sino haz que tu objetivo sea lo que quieres ser, hacer, tener. Si quieres una casa nueva, imagina y siente la alegría de vivir en ella. Si quieres un hermoso vestuario, efectos eléctricos o un automóvil; si quieres ir a la universidad, mudarte a otro país, entrenarte en música, actuación dramática o un deporte, ¡imagínalo!, Todas estas cosas pueden llegarte en un número ilimitado de maneras.

Las reglas del amor

Hay una regla sobre el dinero: nunca puedes anteponer el dinero al amor. Si lo haces, violas la ley de atracción del amor y sufrirás las consecuencias. El amor debe ser la regla que gobierna tu vida. Nada puede colocarse nunca por encima del amor. El dinero es una herramienta para tu uso y lo atraes hacia ti a través del amor, pero si colocas el dinero antes que el amor en tu vida, ello causará que recibas un montón de cosas negativas. No puedes dar amor por dinero y entonces ir por ahí siendo negativo y comportándote groseramente hacia la gente, porque si lo haces, le abres la puerta a la negatividad para que entre en tus relaciones, tu salud, tu felicidad y tus finanzas.

> *"Si necesitas amor, trata de entender que la única manera de obtenerlo es dándolo, que mientras más das más recibirás, y que la única manera que puedes darlo es llenándote de él hasta que te conviertas en un imán".*
>
> *Charles Haanel* (1866-1949)
> AUTOR DEL NUEVO PENSAMIENTO

Estás llamado a tener el dinero que necesitas para vivir una vida plena. No estás llamado a sufrir por falta de dinero, porque el sufrimiento añade negatividad al mundo. La belleza de la vida está en que cuando pones el amor primero, todo el dinero que necesitas para vivir una vida plena acude hacia ti.

PUNTOS DE PODER

- *Es la atractiva fuerza del amor lo que mueve todo el dinero del mundo, y aquél que está dando amor mediante buenos sentimientos es un imán para el dinero.*

- *Puedes saber cómo te sientes acerca del dinero, porque si no tienes todo lo que necesitas, entonces no te sientes bien acerca del dinero.*

- *El amor es la atractiva fuerza que atrae el dinero, ¡y el amor es también el poder que hace que el amor se pegue!*

- *Cuando pagas tus cuentas, busca la manera, cualquiera que sea, de obligarte a sentirte bien. Imagina que tus cuentas son cheques que recibes. O usa la gratitud y dale gracias a la compañía que te envió la cuenta.*

- *Cuando te llegue algún dinero a tus manos, no importa cuán poco sea, ¡sé agradecido! Recuerda que la gratitud es la gran multiplicadora.*

- *Siente amor cuando pagas cualquier cosa en lugar de sentirte mal porque tienes menos dinero. La diferencia entre ambas actitudes es la diferencia entre tener suficiente dinero y tener dificultades de dinero el resto de tu vida.*

- *Usa el dinero físico como un recordatorio para sentirte bien sobre tener suficiente dinero. Imagina el frente de cada billete como el lado positivo, la cual representa suficiente dinero. Cada vez que manejes dinero, dale vuelta deliberadamente al billete para que el frente esté mirando hacia ti.*

- *Si te sientes muy bien sobre el éxito, sin importar de quién, ¡se te pegará el éxito!*

- *Da en igual medida que el dinero que recibes por ganancias o salario. Si das más valor que el dinero que estás recibiendo, tu negocio y tu carrera harán un despegue.*

- *El dinero es sólo una herramienta para disfrutar las cosas que amas en la vida. La atractiva fuerza del amor tiene maneras ilimitadas para que recibas lo que quieres, y sólo una de esas maneras incluye el dinero.*

- *Imagínate estando con lo que amas, haciendo lo que amas y teniendo las cosas que amas, porque sentirás mucho más amor que si sólo piensas en el dinero.*

- *La belleza de la vida está en que cuando colocas el amor primero, todo el dinero que necesitas para vivir una vida plena viene hacia ti.*

EL PODER Y LAS
RELACIONES

"Extiéndele a cada persona, sin importar cuán trivial sea el contacto, todo el cuidado y bondad y comprensión y amor que puedas reunir, y hazlo sin pensar en recompensa alguna. Tu vida nunca volverá a ser la misma".

Og Mandino (1923-1996)

AUTOR

Dar amor es la ley que se aplica a todo en tu vida. Y dar amor es la ley de las relaciones. A la fuerza del amor no le importa si conoces a alguien o no, si una persona es amiga o enemiga, un ser querido o un extraño. A la fuerza del amor no le importa si estás encontrándote con un compañero de trabajo, tu jefe, uno de tus padres, un hijo, un estudiante o una persona que te sirve en una tienda. Con cada persona que tienes contacto, estás o dando amor o no. Y lo que das es lo que recibirás.

Las relaciones son tu mayor canal para dar amor, de modo que puedes cambiar tu vida entera simplemente mediante el amor que des en tus relaciones. Al mismo tiempo, sin embargo, las relaciones pueden ser tu mayor fracaso, ¡porque a menudo son tu mayor pretexto para *no* dar amor!

Lo que das a otros te lo das a ti mismo

Los seres más iluminados a lo largo de la historia nos han dicho que amemos a los demás. A ti no te dijeron que amaras a los demás sólo para poder ser una buena persona. ¡Te estaban dando el secreto de la vida! ¡Te estaban dando la ley de atracción! Cuando amas a los demás *tienes* una vida fenomenal. Cuando amas a los demás *recibirás* la vida que mereces.

> *"Toda la ley en esta sola palabra se cumple: Amarás a tu prójimo como a ti mismo".*
>
> *San Pablo* (CIRCA 5-67)
> APÓSTOL CRISTIANO, EN GÁLATAS 5:14

Dale amor a los demás mediante bondad, estímulo, apoyo, gratitud o cualquier otro sentimiento bueno, y regresará a ti y se multiplicará, trayendo amor a todas las demás áreas de tu vida, incluyendo la salud, el dinero, la felicidad y tu carrera.

Dale negatividad a los demás mediante críticas, ira, impaciencia o cualquier otro sentimiento malo, y recibirás esa negatividad de vuelta, ¡garantizado! Y según la negatividad regresa a ti, se multiplica y atrae más negatividad, lo cual afecta el resto de tu vida.

No depende de la otra persona

Puedes saber en tus relaciones ahora mismo lo que has estado dando. Si una relación actual es magnífica, ello significa que estás dando más amor y gratitud que negatividad. Si una relación actual es difícil o desafiante, ello significa que inadvertidamente estás dando más negatividad que amor.

Alguna gente piensa que tener una relación buena o mala depende de la otra persona, pero la vida no ocurre de esa manera. No puedes decirle a la fuerza del amor: "¡Te daré amor sólo cuando la otra persona me lo dé a mí!" ¡No puedes recibir nada en la vida a menos que tú lo des primero! Cualquier cosa que des, eso recibirás, así que no depende de la otra persona en lo absoluto: ¡todo depende de ti! Todo depende de lo que estás dando y lo que estás sintiendo.

Puedes cambiar cualquier relación ahora mismo buscando las cosas que amas, aprecias y agradeces en esa persona. Cuando haces un esfuerzo deliberado por buscar más las cosas que amas que las cosas negativas que notas, ocurrirá un milagro. Se te presentará como algo increíble que le ha ocurrido a la otra persona. Pero es la fuerza del amor lo que es increíble, porque disuelve la negatividad, incluida la negatividad en las relaciones. Lo único que tienes que hacer es aprovechar la fuerza del amor buscando las cosas que amas en esa persona, ¡y todo cambiará en esa relación!

Conozco miles de relaciones que se han restaurado mediante el poder del amor, pero una historia en particular sobre una mujer que utilizó el poder del amor para restaurar su matrimonio que estaba derrumbándose sobresale por encima de las demás, porque esta mujer había perdido todo el amor hacia su esposo. Es más, no podía soportar estar cerca de él. Su esposo se quejaba todos los días. Se sentía enfermo todo el tiempo. Estaba deprimido, enojado y era abusivo con ella y sus cuatro hijos.

Cuando la mujer oyó hablar del poder de dar amor, decidió en ese momento sentirse más feliz a pesar de los problemas en su matrimonio. Inmediatamente, la atmósfera de su hogar se hizo más ligera y las relaciones de la mujer con sus hijos mejoró. Entonces se puso a hojear sus álbumes de fotografías mirando las fotos de su esposo cuando se casaron. Tomó varias de las fotos y las puso en su escritorio para verlas todos los días, y al hacer esto algo increíble ocurrió. Sintió el amor que había sentido originalmente por su esposo, y al sentir que el amor le regresaba, sus sentimientos de amor comenzaron a aumentar dramáticamente dentro de ella. Llegó a un punto en que amaba a su esposo más que nunca antes en su vida. Su amor se hizo tan grande que la depresión y la ira del esposo desaparecieron, y su salud también comenzó a recuperarse. Esta mujer pasó de querer estar lo más lejos posible de su esposo a un matrimonio en el que ambos quieren estar juntos la mayor parte del tiempo.

El amor significa libertad

He aquí la parte problemática de dar amor en las relaciones, y es precisamente lo que ha impedido a muchos recibir la vida que merecen. Es problemática simplemente porque la gente ha tenido un malentendido sobre lo que significa dar amor a los demás. Para tener claridad sobre lo que significa dar amor a los demás necesitas entender lo que significa *no* darle amor a los demás.

¡Tratar de cambiar a otra persona *no* es dar amor! ¡Pensar que sabes lo que es lo mejor para otra persona *no* es dar amor! ¡Pensar que tienes la razón y que la otra persona está equivocada *no* es dar amor! ¡Criticar, culpar, quejarse, fastidiar o encontrarle defectos a otra persona *no* es dar amor!

"El odio no se conquista con odio. El odio se conquista con amor. Ésta es una ley eterna".

Gautama Buda (563-483 AC)

FUNDADOR DEL BUDISMO

Quiero compartir una historia que recibí que demuestra el cuidado que tenemos que tener en las relaciones. La esposa de un hombre lo había abandonado y se había llevado a los hijos. El hombre estaba devastado, culpaba a la esposa y rehusó aceptar su decisión. Continuó contactándola resuelto a hacer todo lo posible por hacerle cambiar su decisión. Él puede haber pensado que estaba actuando por amor hacia su esposa y su familia, pero su comportamiento no era amor. Culpaba a la esposa por poner fin al matrimonio. Creyó que ella estaba equivocada y que él tenía la razón. Rehusó aceptar la decisión de su esposa de escoger por su cuenta. Por no dejar de tratar de contactarla lo arrestaron y lo condenaron a prisión.

El hombre finalmente se dio cuenta de que no estaba dando amor cuando le negaba a la esposa *su* derecho a escoger lo que ella quería y que había perdido por ello su libertad. La ley de atracción es la ley del amor y no puedes incumplirla. Si violas esa ley, te haces daño a ti mismo.

Estoy compartiendo esta historia porque el final de las relaciones íntimas es un desafío muy fuerte para algunas personas. No puedes negarle el derecho que tiene otra persona a escoger lo que quiere, porque eso no es dar amor. Es una píldora amarga sentir que se te quiebra el corazón, pero tienes que respetar la libertad que tienen todas las personas y su derecho a escoger. Lo que das a otra persona lo recibes tú mismo, y cuando niegas a otra persona la libertad de escoger, atraerás cosas negativas que te negarán tu propia libertad. Tal vez disminuya tu flujo de dinero, se debilite tu salud o tengas un problema en el trabajo, porque todas estas cosas afectarían tu libertad. Para la ley de atracción no existe el concepto de "otra persona". Lo que das a otras personas te lo das a ti mismo.

Dar amor a otras personas no significa que permitas que te atropellen o abusen de ti de manera alguna, porque eso tampoco es dar amor. Permitir que otra persona te use no ayuda a esa persona y seguramente tampoco te ayuda a ti. El amor es fuerte y aprendemos y crecemos mediante su ley, y como parte de ese aprendizaje sufrimos consecuencias. De modo que no es amor permitir que otra persona te use o abuse de ti. La respuesta es que te instales en la frecuencia más alta posible de buenos sentimientos y la fuerza del amor resolverá la situación *por ti*.

> *"Cuando alguien me ha ofendido, trato de elevar mi alma a una altura a la cual la ofensa no pueda llegar".*

René Descartes (1596-1650)

MATEMÁTICO Y FILÓSOFO

El secreto de las relaciones

La vida te presenta todo para que puedas escoger lo que amas. Y parte del regalo de la vida es haberte entregado todo tipo de personas de modo que puedes escoger lo que amas en esas personas y distanciarte de lo que no amas. No estás llamado a fabricar amor hacia aquellas cualidades que no amas en una persona, sino simplemente distanciarte sin otorgarles ningún sentimiento.

Distanciarte de lo que no amas en alguien significa sentirte relajado con el tema y saber que la vida te está dando una opción. No quiere decir que tengas que polemizar con ellos para demostrarles que están equivocados, ni criticarlos, culparlos o querer cambiarlos porque piensas que tienes la razón. Porque si haces cualquiera de esas cosas, no estás dando amor ¡de ninguna manera!

> *"A su alma hace bien el hombre misericordioso; mas el cruel se atormenta a sí mismo."*
>
> *El Rey Salomón* (CIRCA SIGLO 10 AC)
> REY BÍBLICO DE ISRAEL, EN PROVERBIOS 11:17

Cuando estás en una frecuencia de sentimientos de amor sólo las personas que están en esa misma frecuencia pueden entrar en tu vida.

Sabes que algunos días estás muy feliz, algunos días estás irritado y otros estás triste. Puedes ser muchas versiones diferentes de ti mismo. Una persona en una relación contigo puede también ser muchas versiones de sí misma, incluidas sentirse feliz, irritada o triste. Sin duda la debes de haber visto en sus muchas versiones diferentes, pero cada versión sigue siendo ella misma. Cuando estás feliz, sólo la versión feliz de otras personas puede entrar en tu vida. ¡Pero *tienes* que estar feliz para recibir las versiones felices de otras personas!

Esto no quiere decir que seas responsable de la felicidad de otras personas, porque cada cual es responsable de su propia vida y felicidad. Lo que quiere decir es que no tienes otra opción que estar feliz tú; la ley de atracción se encargará del resto.

"La felicidad depende de nosotros mismos".

Aristóteles (384-322 AC)

FILÓSOFO Y CIENTÍFICO GRIEGO

Entrenadores emocionales

¡Una manera de quitar el resquemor de las relaciones confrontacionales o difíciles es imaginar a las personas como tus propios "entrenadores emocionales personales"! La fuerza del amor te presenta una amplia gama de entrenadores emocionales personales disfrazados de personas cotidianas, ¡pero todos te están entrenando para que escojas el amor!

Algunos pueden ser entrenadores emocionales personales suaves porque no te presionan muy fuerte y son fáciles de amar. Algunos pueden ser entrenadores emocionales personales fuertes porque te presionan hasta tus límites, como lo hacen algunos entrenadores físicos personales, pero esos son los que te están haciendo más fuerte para escoger el amor no importa lo que ocurra.

Los entrenadores emocionales personales pueden usar todo tipo de situaciones y tácticas para desafiarte, pero lo que hay que recordar es que te presentan cada reto de tal modo que optes por el amor y te distancies de la negatividad y de señalar culpas. Algunos entrenadores pueden desafiarte a que los juzgues a ellos o a las demás personas, pero no caigas en esa trampa. Formar juicio es negativo y no es dar amor, así que, si no puedes amar lo bueno que hay en alguien o algo, simplemente aléjate.

Algunos entrenadores pueden ponerte a prueba provocándote a que sientas deseo de venganza, ira u odio. Aléjate mediante la búsqueda de las cosas que amas en la vida. Algunos entrenadores pueden incluso imponerte sentimientos de culpa y de baja autoestima o de miedo. No te dejes llevar por ninguno de estos sentimientos, porque la negatividad en cualquiera de sus formas no es amor.

> *"El odio paraliza la vida; el amor la libera.*
> *El odio confunde la vida; el amor la armoniza.*
> *El odio oscurece la vida; el amor la ilumina".*

Martin Luther King Jr. (1929-1968)

MINISTRO BAUTISTA Y LÍDER DE LOS DERECHOS CIVILES

Si imaginas a las personas en tu vida como tus entrenadores emocionales personales, eso te ayudará con cualquier dificultad que tengas en cualquier relación difícil. Son los entrenadores fuertes los que te hacen más fuerte y resuelto a escoger el amor en cualquier circunstancia, pero ellos sólo te dan un mensaje. Están diciéndote que te has metido en una frecuencia de sentimientos negativos, ¡y que tienes que sentirte mejor para salir de ella! Nadie puede entrar en tu vida y afectarte negativamente, a menos que ya estés en la misma frecuencia de sentimientos negativos. Si estás en una frecuencia de sentimientos de amor, no importa cuán fuerte o negativo alguien sea, ¡no te afectará ni podrá hacerlo!

Cada persona está simplemente cumpliendo con su tarea, al igual que tú cumples con la tuya de ser un entrenador emocional personal para otros. No existen los enemigos, sólo existen algunos entrenadores emocionales personales maravillosos, y algunos entrenadores emocionales personales fuertes que te están ayudando a ser magnífico.

La ley de atracción es un asunto pegajoso

La ley de atracción es un asunto pegajoso. Cuando te regocijas por la buena fortuna de otra persona, ¡su buena fortuna se te pega! Cuando admiras o aprecias algo en otra persona, estás haciendo que se te peguen esas cualidades. Pero cuando piensas o discutes cosas negativas sobre otra persona, estás haciendo que esas cosas negativas se te peguen también y las estás añadiendo a tu propia vida.

La ley de atracción está respondiendo a *tus* sentimientos. Cualquier cosa que das, la recibes, y así si tú le pegas una etiqueta a cualquier persona, circunstancia o hecho en la vida, te estás pegando esa misma etiqueta a ti mismo y eso es lo que recibirás.

Ésta es una noticia fenomenal, porque significa que puedes pegarte todo lo que amas mediante la búsqueda de las cosas que amas en otras personas, ¡y diciéndoles que sí con todo tu corazón! El mundo es tu catálogo, y cuando entiendes el poder de tu amor, observar todo lo que amas en otras personas se convierte en un trabajo a tiempo completo. Pero es la manera más fácil y mejor de cambiar tu vida entera. Acaba con la adversidad y el sufrimiento. Lo único que tienes que hacer es observar las cosas que amas en otras personas y alejarte de las que no amas para no otorgarles ningún sentimiento. Es así de fácil.

"Dando el primer paso con un buen pensamiento, el segundo con una buena palabra y el tercero con una buena acción, entré en el Paraíso".

Libro de Arda Viraf (CIRCA SIGLO 6)
TEXTO RELIGIOSO ZOROASTRISTA

Chismear también es pegajoso

Chismear parece inofensivo en la superficie, pero puede causar muchas cosas negativas en las vidas de las personas. Chismear no es dar amor. Chismear es proyectar negatividad y eso exactamente es lo que recibirás de vuelta. Chismear no le hace daño a la persona de la que se habla; ¡chismear daña a los que están chismeando!

Cuando estás conversando con algún familiar o amigo y te hablan de una cosa negativa que alguien dijo o hizo, están chismeando y están dando negatividad. Cuando los escuchas, tú también estás dando negatividad porque eres un ser que siente y no puedes oír cosas negativas sin que tus sentimientos rápidamente tengan una recaída. Cuando conversas con un compañero de trabajo en el almuerzo y ambos hablan negativamente de alguien, están chismeando y dando negatividad. ¡No puedes hablar de la negatividad o escuchar cosas negativas y tener buenos sentimientos!

Así que, con toda franqueza, tenemos que tener cuidado de no meter la nariz en los asuntos de otras personas, ¡porque esos asuntos te van a tupir la nariz! A menos que eso sea lo que quieres en la vida, aléjate de eso sin sentir nada. No sólo te estarás haciendo un favor, pero le estarás haciendo un favor también a esas otras personas que no se dan cuenta de los efectos negativos que chismear puede tener en sus vidas.

Si te hallas en una situación en que estás chismeando o escuchando chismes, detente en medio de una frase y di: "Pero me siento tan agradecido que..." Y termina la oración con algo bueno acerca de la persona sobre la cual están chismeando.

"Si un hombre habla o actúa con un pensamiento maligno, el dolor lo seguirá. Si un hombre habla o actúa con un sentimiento puro, la felicidad lo seguirá como una sombra que no lo abandonará jamás".

Gautama Buda (563-483 AC)

FUNDADOR DEL BUDISMO

Tu reacción lo escoge

La vida te presenta a cada persona y circunstancia para que puedas escoger entre lo que amas y lo que no amas. Cuando reaccionas ante algo, lo haces con tus sentimientos y, al hacerlo, ¡lo estás escogiendo! Tu reacción, buena o mala, se te pega, ¡y lo que estás haciendo es pedir más! De modo que es importante tener cuidado cómo reaccionas en tus relaciones, porque sea que reacciones con buenos o malos sentimientos, esos son los sentimientos que estás dando y recibirás más de las mismas circunstancias que te hacen sentir de esa manera.

Si una persona dice o hace algo, y te sientes disgustado, ofendido o furioso, procura hacer tu mejor esfuerzo por cambiar esa reacción negativa enseguida. El sólo hecho de estar consciente de que has reaccionado negativamente le quita inmediatamente el poder a los sentimientos negativos y puede incluso detenerlos. Pero si sientes que los sentimientos negativos se han apoderado de ti, es mejor que te retires y tomes un par de minutos para buscar las cosas que amas, una tras otra, hasta que te sientas mucho mejor. Puedes usar cualquier cosa que amas para hacerte sentir mejor, como escuchar tu música favorita, imaginar las cosas que amas o hacer algo que te guste. Puedes también pensar en las cosas que amas en la persona que te causó el disgusto. Esto puede ser un reto, pero si puedes lograrlo, es la manera más rápida de sentirte mejor. ¡Es también la forma más rápida de convertirte en amo y señor de tus sentimientos!

> *"Un hombre que sea su propio amo puede poner fin a un dolor e inventar un placer. No quiero estar a la merced de mis emociones. Quiero utilizarlas, disfrutarlas y dominarlas".*
>
> Oscar Wilde (1854-1900)
>
> AUTOR Y POETA

Puedes cambiar cualquier situación negativa en tu vida, pero no puedes cambiarla con malos sentimientos. Tienes que reaccionar de manera diferente a la situación porque si continúas reaccionando negativamente, tus malos sentimientos se magnificarán y multiplicarán la negatividad. Cuando das buenos sentimientos, el positivismo se magnifica y se multiplica. Aunque no puedes imaginar cómo una situación particular puede convertirse en algo positivo, ¡sí puede! La fuerza del amor siempre encuentra la manera de hacerlo.

El amor es un escudo

Para quitarle el poder a la negatividad de otras personas y que no te afecte a ti, recuerda los campos magnéticos que rodean a toda persona. Existe un campo de amor, alegría, felicidad, gratitud, entusiasmo, pasión y un campo para cada sentimiento bueno. Existe también un campo de ira, desaliento, frustración, odio, deseo de venganza, miedo y un campo para cada sentimiento negativo.

Una persona rodeada de un campo magnético de ira no se siente nada bien, y es así que, si te acercas a su presencia, lo más probable es que dirija su ira hacia ti. No tiene la intención de hacerte daño, pero no es capaz de ver nada bueno cuando mira el mundo desde la perspectiva de su campo de ira. Todo lo que es capaz de ver son las cosas que le causan ira. Y porque sólo puede ver la ira, probablemente se encolerice y le lance su ira a la primera persona que vea: a menudo un ser querido. ¿Te suena familiar esta situación?

Si te estás sintiendo fantásticamente bien, la fuerza de tu campo magnético crea un escudo que ninguna negatividad puede penetrar. Y de ese modo no importa la negatividad que alguien te lance, no te puede tocar y rebotará de tu campo magnético sin afectarte a ti en nada.

En cambio, si una persona te lanza algo negativo y sientes lo que dice, entonces sabes que tus sentimientos deben haber disminuido, porque la negatividad atravesó tu campo de

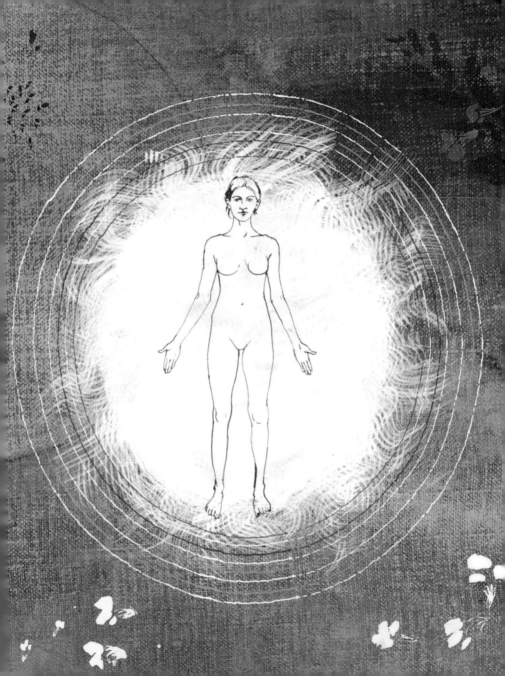

sentimientos. Hay una sola cosa que hacer en ese caso, y es buscar un pretexto para alejarte a fin de que te compongas con buenos sentimientos. Dos campos negativos se multiplican muy rápidamente cuando entran en contacto el uno con el otro, y nunca conducen a nada bueno. Sabrás esto por tu propia experiencia en la vida: ¡dos campos magnéticos negativos juntos no producen una imagen agradable!

"El agua con lodo, si se mantiene quieta, se esclarece".

Lao Tzu (CIRCA SIGLO 6 AC)
FUNDADOR DEL TAOÍSMO

Si te sientes triste, decepcionado, frustrado o con cualquier sentimiento negativo, es que estás mirando el mundo a través de ese campo de sentimientos y el mundo te parecerá triste, decepcionante y frustrante. No puedes ver nada bueno a través de un campo de malos sentimientos. No sólo tu campo negativo atrae más negatividad a sí mismo, sino que nunca encontrarás una salida a ningún problema hasta que cambies tu manera de sentirte. Cambiar la manera de sentirte es fácil comparado con dar vueltas tratando de cambiar las circunstancias del mundo exterior. Toda la acción física del mundo no puede cambiar la situación. ¡Cambia tus sentimientos y las circunstancias exteriores cambiarán también!

"El poder viene de adentro, pero no podemos recibirlo a menos que lo entreguemos".

Charles Haanel (1866-1949)

AUTOR DEL NUEVO PENSAMIENTO

Cuando alguien está rodeado de un campo magnético de alegría uno puede sentir el contacto de esa alegría en el otro extremo de una habitación. Las personas que son populares y tienen personalidades magnéticas son simplemente personas que se sienten bien la mayor parte del tiempo. El campo de alegría que les rodea es tan magnético que atrae a todo el mundo y a todas las cosas hacia ellos.

Mientras más amor das y mejor te sientes, ¡más magnético será tu campo y más se expandirá y atraerá a todo el mundo y todas las cosas hacia ti! ¡Imagina eso!

El *amor es el poder que lo conecta todo*

"Cuando todas las personas del mundo se amen, entonces los fuertes no dominarán a los débiles, los muchos no oprimirán a los pocos, los ricos no se burlarán de los pobres, los honorables no despreciarán a los humildes y los astutos no engañarán a los simples".

Mozi (CIRCA 470-CIRCA 391 AC)

FILÓSOFO CHINO

Tienes oportunidades todos los días de dar amor a otros a través de buenos sentimientos. Cuando te sientes feliz, ésa es tu garantía de que estás dando cosas positivas y amor a cualquiera con quien tengas contacto. Cuando le das amor a alguien, el amor te regresará pero en mucho mayor medida que lo que has imaginado.

Cuando le das amor a otra persona, si tu amor afecta a esa otra persona tan positivamente que a su vez ellos le dan amor a alguien más, entonces no importa el número de personas que sean afectadas positivamente, no importa la distancia que viaje tu amor, *todo* ese amor regresa a *ti*. No sólo recibes de vuelta el amor que le diste a la persona original, ¡sino que recibes el amor de todos los afectados! Y el amor te regresa revestido de circunstancias positivas, personas positivas y de hechos positivos en tu vida.

En cambio, si afectas *negativamente* a otra persona tanto que esa persona a su vez afecta a alguien más, entonces esa negatividad regresará a ti en su totalidad. Te regresará en la forma de circunstancias negativas que tendrán efecto sobre tu dinero, tu carrera, tu salud o tus relaciones. Cualquier cosa que le des a otra persona, te la estás dando a ti mismo.

"Si estás consternado por cualquier cosa externa, el dolor no se debe a la cosa en sí, sino a tu propia evaluación sobre ella; y esto tienes el poder de revocarlo en cualquier momento".

Marco Aurelio (121-180)

EMPERADOR ROMANO

Cuando te sientes entusiasmado, feliz y contento, esos buenos sentimientos afectan a toda persona con la que tienes contacto. Aunque tu contacto con una persona sea muy breve, en una tienda, un autobús o un elevador, cuando tus buenos sentimientos ejercen una influencia en cualquier persona con la que te conectas, el efecto de ese solo instante en *tu* vida es casi incomprensible.

> *"Recuerda que no existen los pequeños actos de bondad. Cada acto crea ondulaciones que no tienen un final lógico".*
>
> *Scott Adams* (N. 1957)
> CARICATURISTA

El amor es la solución y la respuesta a toda relación. Nunca puedes mejorar una relación con negatividad. Usa el Proceso Creativo en tus relaciones y da amor para recibir. Usa la llaves de poder en tus relaciones. Toma nota de las cosas que amas, haz listas de la cosas que amas y aléjate de las cosas que no amas. Imagínate que tienes una relación perfecta, imagínala al más alto nivel posible y siente que la tienes con todo el corazón. Si se te hace difícil sentirte bien acerca de una relación, entonces ama todo lo demás que te rodea, ¡y simplemente deja de notar las cosas negativas en la relación!

¡El amor puede hacer cualquier cosa por ti! Lo único que tienes que hacer es dar amor sintiéndote bien, y toda negatividad en tus relaciones se irá apagando gradualmente. En cualquier momento en que enfrentes una situación negativa en una relación, ¡la solución siempre es el amor! No sabrás *cómo* se resolverá, y puede que nunca lo sepas, pero si te mantienes sintiéndote bien y das amor, ocurrirá.

El mensaje de Lao Tzu, Buda, Jesús, Mahoma y todo ser extraordinario se oye fuerte y claro: ¡El amor!

PUNTOS DE PODER

- *Con cada una de las personas con las que haces contacto, estás dando amor o no. Y basado en lo que das, así recibes.*

- *Da amor a otros a través de la bondad, el ánimo, el apoyo, la gratitud o cualquier sentimiento bueno, y te regresará multiplicado en cada área de tu vida.*

- *Busca más las cosas que amas en una relación en vez de observar las cosas negativas y te parecerá que algo increíble le ha ocurrido a la otra persona.*

- *Tratar de cambiar a otra persona, pensar que sabes qué es lo mejor para otra persona, pensar que tienes la razón y que la otra persona está equivocada ¡no es dar amor!*

- *Criticar, culpar, quejarte, fastidiar o encontrarle defectos a otra persona ¡no es dar amor!*

- *¡Tienes que ser feliz tú para recibir las versiones felices de los demás!*

- *La fuerza del amor te presenta una amplia gama de entrenadores emocionales personales disfrazados de personas cotidianas, ¡pero todos te están entrenando para escoger el amor!*

- *¡Puedes hacer que se te pegue todo lo que amas y quieres buscando las cosas que amas en otras personas y diciendo que sí a esas cualidades con todo el corazón!*

- *¡No puedes hablar u oír la negatividad y tener buenos sentimientos!*

- *La vida te está presentando a cada persona y circunstancia para que puedas escoger entre lo que amas y lo que no amas. Cuando reaccionas a algo, estás reaccionando con tus sentimientos, y al hacerlo, ¡lo estás escogiendo!*

- *No puedes cambiar una situación negativa con malos sentimientos. Si continúas reaccionando negativamente, tus malos sentimientos se magnificarán y multiplicarán la negatividad.*

- *Si te estás sintiendo fantásticamente bien, la fuerza de tu campo magnético crea un escudo que ninguna negatividad puede penetrar.*

- *Cambiar la manera de sentirte es fácil comparado con dar vueltas tratando de cambiar las circunstancias del mundo exterior. ¡Cambia tus sentimientos y las circunstancias externas también cambiarán!*

- *Mientras más amor das y mejor te sientes, ¡más magnético será tu campo y más se expandirá, atrayendo todas las cosas y las personas que amas hacia ti!*

EL PODER Y
LA SALUD

"Las fuerzas naturales que llevamos dentro son los verdaderos sanadores de las enfermedades".

Hipócrates (CIRCA 460 AC-CIRCA 370 AC)

PADRE DE LA MEDICINA OCCIDENTAL

¿Qué significa estar saludable? Puedes pensar que estar saludable significa no estar enfermo, pero estar saludable es mucho más que eso. Si te sientes más o menos bien, regular o nada de importancia, entonces no estás saludable.

Estar saludable es sentirse como se sienten los niñitos pequeños. Los niñitos pequeños rebosan de energía todos los días. Sus cuerpos se sienten ligeros y flexibles; se mueven sin esfuerzo. Apenas sienten el peso sobre sus pies. Sus mentes tienen claridad; son felices y están libres de preocupaciones y estrés. Duermen profundamente y llenos de paz todas las noches, y se despiertan sintiéndose totalmente renovados, como si tuvieran un cuerpo completamente nuevo. Se sienten apasionados y emocionados sobre cada nuevo día. Observa a los niñitos pequeños y verás lo que significa estar saludable. Es como te sentías antes, ¡y así te debes sentir *todavía*!

Puedes sentirte de esta manera la mayor parte del tiempo, ¡porque tienes constante acceso a una salud ilimitada a través de la fuerza del amor! Nunca se te niega nada siquiera por un segundo. Cualquier cosa que quieres es tuya, incluyendo una salud ilimitada. ¡Pero tienes que abrir la puerta para recibirla!

¿Cuáles son tus creencias?

> *"Porque cual es su pensamiento en su corazón, tal es él".*
>
> *El Rey Salomón* (CIRCA SIGLO 10 AC)
> REY BÍBLICO DE ISRAEL, EN PROVERBIOS 23:7

Estas palabras están entre las más grandes frases de sabiduría que jamás se hayan expresado, pero ¿qué significa "Porque cual es su pensamiento en su corazón, tal es él"?

Lo que piensas en tu corazón es lo que crees que es la verdad. Las creencias son simplemente pensamientos repetidos acompañados de pensamientos fuertes, tales como: "Me da catarro con mucha facilidad", "Tengo el estómago delicado", "Me es difícil bajar de peso", "Soy alérgico a eso", "El café me desvela". Todas estas frases son creencias, no verdades. Una creencia surge cuando has optado por una posición, has dictado un veredicto, has trancado la puerta y tirado la llave sin dejar espacio para negociar. Pero cualquier cosa que creas y sientas que es verdad *será* verdad para ti, aunque tus creencias te ayuden o te perjudiquen. Cualesquiera que sean las creencias que expreses, la ley de atracción dice que tienes que recibirlas de vuelta.

Muchas personas tienen más creencias temerosas acerca de las enfermedades que buenas creencias acerca de la salud. Esto no debe sorprender a nadie debido a la atención que se le da a las enfermedades en el mundo, y eso es lo que te rodea todos los días. A pesar de todos los adelantos en la medicina, las enfermedades están en aumento porque la gente cada vez le tiene más miedo a las enfermedades.

¿Tienes más sentimientos buenos sobre la salud que sentimientos negativos sobre las enfermedades? ¿Crees más en la salud vitalicia que en la inevitabilidad de las enfermedades? Si crees que tu cuerpo se deteriorará con la edad y que las enfermedades son inevitables, estás expresando esa creencia, y la ley de atracción tiene que devolvértela envuelta en términos de las circunstancias y el estado de tu salud y tu cuerpo.

> *"Porque el temor que me espantaba me ha venido, y me ha acontecido lo que yo temía".*
>
> *Job* 3:25

El efecto del placebo en la medicina es una prueba del poder de las creencias. A un grupo de pacientes se les da verdaderas pastillas o tratamientos y a otro se le da el placebo

—una pastilla de azúcar o un tratamiento falso— pero a ninguno se le dice cuál contiene la cura para los síntomas o la enfermedad. Sin embargo, el grupo que recibe el placebo a menudo tiene mejoras significativas y se le reducen o desaparecen los síntomas. Los asombrosos resultados del efecto del placebo demuestran regularmente el poder de las creencias en nuestro cuerpo. Lo que le *das* a tu cuerpo continuadamente con tus creencias y fuertes sentimientos, lo tienes que *recibir* en tu cuerpo.

Cada uno de tus sentimientos satura cada célula y órgano en todo tu cuerpo. Cuando tienes buenos sentimientos, estás dando amor y recibes la fuerza total de la salud a través de tu cuerpo a un paso asombroso. Cuando tienes malos sentimientos, la tensión te contrae los nervios y las células, la producción de química vital en tu cuerpo cambia, tus vasos sanguíneos se contraen y tu respiración se vuelve superficial, todo lo cual reduce la fuerza de la salud en tus órganos y en todo tu cuerpo. Las enfermedades surgen simplemente cuando un cuerpo no ha estado sintiéndose bien durante un largo período de tiempo debido a sentimientos negativos como el estrés, la preocupación y el miedo.

"Tus emociones afectan cada célula de tu cuerpo.
La mente y el cuerpo, lo mental y lo físico, están
entrelazados".

Thomas Tutko (N. 1931)

PSICÓLOGO ESPECIALIZADO EN DEPORTES Y AUTOR

El mundo dentro de tu cuerpo

¡Hay un mundo entero dentro de ti! Para darte cuenta del poder que tienes sobre tu cuerpo, necesitas conocer ese mundo, ¡porque está en su totalidad bajo tu mando!

Todas las células de tu cuerpo tienen una tarea que cumplir, y trabajan juntas con el único propósito de darte vida. Algunas células son líderes de órganos o regiones particulares y controlan y dirigen todas las células activas en su región, como el corazón, el cerebro, el hígado, los riñones y los pulmones. La célula líder de un órgano dirige y controla todas las demás células activas en ese órgano, asegurando el orden y la armonía de manera que el órgano funcione a la perfección. Las células patrulleras viajan a través de sesenta mil millas de vasos sanguíneos en tu cuerpo para mantener el orden y la paz. Cuando se produce una alteración, como un rasguño en la piel, las células patrulleras envían inmediatamente una señal de alerta y el equipo apropiado de reparación se dirige apresuradamente hacia el área. Para un rasguño, el primer equipo en la escena es el de coagulación, que trabaja para detener el flujo sanguíneo. Cuando terminan su tarea, los equipos del tejido y la piel acuden a reparar el área, enmendando el tejido y sellando la piel.

Si un elemento intruso entra en tu cuerpo, como una infección bacterial o un virus, las células de la memoria captan una impresión (como una foto instantánea) del intruso. La impresión se revisa contra los récords para ver si su naturaleza coincide con la de algunos intrusos anteriores. Si encuentran alguna que coincida, las células de la memoria inmediatamente notifican al equipo de ataque pertinente que destruya al intruso. Si no hay coincidencia, las células de la memoria abren un archivo nuevo del intruso, y *todos* los equipos de ataque son llamados a movilizarse y destruir al intruso. Cualquiera que sea el equipo de ataque que logre destruir al intruso se registra en los archivos por las células de la memoria. Si el intruso regresa, las células de la memoria saben con quién están lidiando y exactamente cómo tratarlo.

Si por alguna razón una célula de tu cuerpo comienza a alterar su comportamiento y cesa de funcionar por el bien del cuerpo, las células patrulleras envían una señal al equipo de rescate para que acuda a toda prisa a reparar la célula. Si una célula necesita un elemento químico específico que necesita reparar, se localiza dentro de tu farmacia natural. Tienes una farmacia completa funcionando dentro de ti que puede producir los mismos elementos químicos de curación que una compañía farmacéutica.

Todas las células deben funcionar como un equipo veinticuatro horas al día y siete días a la semana durante toda su vida. Su único propósito es mantener la vida y la salud de tu cuerpo. Tienes alrededor de 100 billones de células en el cuerpo. ¡O sea, 100,000,000,000,000 de células que funcionan sin cesar para darte vida! Las 100 billones de células están bajo tu mando, y tu las diriges y les das instrucciones con tus pensamientos, sentimientos y creencias.

Cualquiera cosa que crees acerca de tu cuerpo, tus células también la creen. Ellas no cuestionan lo que tú piensas, sientes o crees. Es más, oyen cada pensamiento, sentimiento y creencia que tengas.

Si piensas o dices: "Siempre me da *jet lag* cuando viajo", tus células reciben el *jet lag* como una orden y están obligadas a cumplir tus instrucciones. Piensa y siente que tienes un problema de sobrepeso, y tus células reciben la orden de un problema de sobrepeso. Tienen que seguir tus instrucciones y mantener tu cuerpo en condiciones de sobrepeso. Si tienes miedo de contraer una enfermedad, tus células reciben el mensaje de la enfermedad e inmediatamente se ocupan de crear los síntomas de la enfermedad. La respuesta de tus células a cada una de tus órdenes es simplemente la ley de atracción funcionando dentro de tu cuerpo.

"Observa de frente la imagen perfecta de cada órgano y las sombras de la enfermedad jamás te tocarán".

Robert Collier (1885-1950)
AUTOR DEL NUEVO PENSAMIENTO

¿Qué es lo que quieres? ¿Qué amarías? Porque eso es lo que tienes que darle a tu cuerpo. Tus células son tus más leales súbditos que te sirven sin protestar, de modo que cualquier cosa que pienses, cualquier cosa que sientas, se convierte en la ley de tu cuerpo. Si quieres sentirte tan bien como cuando eras un niño, entonces dale a tus células estas órdenes: "Me siento fenomenal hoy". "Tengo mucha energía". "Tengo una visión perfecta". "Puedo comer lo que quiero y mantenerme en mi peso ideal". "Duermo como un bebé todas las noches". Eres el monarca de un reino y cualquier cosa que pienses y sientas se convierte en la ley de tu reino, la ley dentro de tu cuerpo.

El poder de tu corazón

> *"En cierto sentido el hombre es un microcosmo del universo; por lo tanto, el hombre viene a ser una clave para el universo".*
>
> *David Bohm* (1917-1992)
>
> FÍSICO CUÁNTICO

El interior de tu cuerpo es un mapa exacto de nuestro sistema solar y el universo. Tu corazón es el sol y el centro de tu sistema corporal. Tus órganos son los planetas, y tal como los planetas dependen del sol para mantener el balance y la armonía, así todos los órganos de tu cuerpo dependen de tu corazón para mantener el balance y la armonía.

Científicos del Instituto de Matemática del Corazón (Institute of HeartMath) en California han demostrado que sentir amor, gratitud y apreciación en tu corazón eleva tu sistema inmunológico; aumenta la producción de elementos químicos vitales; incrementa la vitalidad y el vigor físico; reduce los niveles de estrés hormonal, presión arterial,

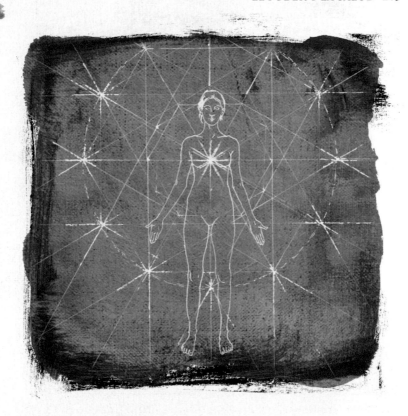

ansiedad, sentimiento de culpa y fatiga mental; y mejora la regulación de glucosa en los diabéticos. Los sentimientos de amor también crean un grado más alto de armonía en el ritmo cardíaco. El instituto ha demostrado que el campo magnético del corazón es 5,000 veces más poderoso que el campo magnético del cerebro, y abarca una distancia de varios pies de nuestro cuerpo.

Otros científicos están revolucionando nuestro entendimiento sobre el efecto del amor en nuestra salud mediante experimentos con agua. ¿Qué tiene que ver el agua con nuestra salud? ¡El 70% de tu cuerpo es agua! ¡El interior de tu cabeza es 80% agua!

Investigadores en Japón, Rusia, Europa y Estados Unidos han descubierto que cuando el agua se expone a palabras y sentimientos positivos como el amor y la gratitud, el nivel de energía del agua no solamente aumenta, sino que su estructura cambia, haciéndola perfectamente armoniosa. Mientras más alto es el sentimiento positivo, más bella y armoniosa se vuelve el agua. Cuando el agua se expone a emociones negativas como el odio, el nivel de energía disminuye y ocurren cambios caóticos que afectan negativamente la estructura del agua.

Si las emociones humanas pueden cambiar la estructura del agua, ¿te imaginas lo que tus sentimientos le están haciendo a la salud de tu cuerpo? ¡Tus células están hecha mayormente de agua! El centro de cada célula es agua, y cada célula está completamente rodeada de una lámina de agua.

¿Te imaginas el impacto del amor y la gratitud en tu cuerpo? ¿Te imaginas el poder del amor y la gratitud para restaurar la salud? ¡Cuando sientes amor, tu amor afecta el agua de las 100 billones de células en tu cuerpo!

Cómo utilizar el poder del amor para tener una salud perfecta

"Donde existe el amor más grande, allí siempre ocurren milagros".

Willa Cather (1873-1947)

NOVELISTA GANADORA DEL PREMIO PULITZER

Para recibir la salud que quieres y amas, ¡tienes que dar amor! Cuando estás enfermo, da buenos sentimientos acerca de la salud, porque sólo el amor trae una salud perfecta. No puedes dar malos sentimientos acerca de la enfermedad y recibir salud. Si odias o temes una enfermedad, estarás dando malos sentimientos y la enfermedad nunca podrá desaparecer mediante malos sentimientos. Cuando das pensamientos y sentimientos de lo que quieres, tus células reciben la fuerza plena de la salud. Cuando das pensamientos y sentimientos negativos de lo que no quieres, ¡se reduce la fuerza de la salud en tus células! No importa si te sientes mal con respecto a un tema que no tiene nada que ver con tu salud; cuando te sientes mal, reduces la fuerza de la salud en tu cuerpo. Mas cuando sientes amor por cualquier cosa —un día soleado, una casa nueva, un amigo, una promoción—, tu cuerpo recibe la fuerza total de la salud.

La gratitud es la gran multiplicadora, así que da las *gracias* por tu salud cada día. Todo el dinero del mundo no puede comprar la salud, porque es un regalo de la vida, de modo que más que todo lo demás, ¡sé agradecido por tu salud! Es el mejor seguro de salud que puedas tener, ¡porque la gratitud te asegura tener salud!

Sé agradecido por tu cuerpo en lugar de estarle encontrando defectos. Cada vez que tienes un pensamiento de algo que no te gusta de tu cuerpo, recuerda que el agua que llevas dentro del cuerpo está recibiendo esos sentimientos. Mejor da las *gracias* con todo tu corazón por lo que te gusta de tu cuerpo e ignora las cosas que no te gustan.

"El amor hace avanzar el amor".

Santa Teresa De Ávila (1515-1582)

MONJA, MÍSTICA Y ESCRITORA

Antes de comer o beber agua, mira lo que estás a punto de comer o beber y siente amor y gratitud. Asegúrate de que tus conversaciones son positivas cuando te sientas a comer.

Bendecir los alimentos da amor y gratitud por la comida. Al bendecir los alimentos, cambias la estructura del agua en la comida y su efecto en tu cuerpo. Bendecir el agua con amor y gratitud tiene el mismo efecto. Tus sentimientos positivos de amor pueden cambiar la estructura del agua en todo, así que usa ese poder.

Puedes dar amor y gratitud y utilizar su poder cuando estás recibiendo un tratamiento médico. Si puedes imaginarte saludable, puedes *sentirte* saludable, y si lo puedes sentir, lo puedes recibir. Para mejorar tu salud, lo único que tienes que hacer es dar amor más del 50% del tiempo. El 51% es el punto que inclina la balanza de la enfermedad a la salud.

Cuando te examinas la vista o la presión arterial, o si te estás haciendo un examen general de tu salud, recibiendo el resultado de pruebas, o cualquier cosa relacionada con tu salud, es muy importante que te sientas bien durante el proceso o al recibir los resultados a fin de lograr buenas conclusiones. Mediante la ley de atracción, el resultado de exámenes o pruebas deben coincidir con la frecuencia en que tú estás, porque para lograr el buen resultado que quieres, ¡debes estar en la frecuencia de recibirlo! La vida no ocurre de la otra manera. El resultado de cada situación en tu vida siempre coincidirá con tu frecuencia ¡porque esa es la ley de atracción! Para instalarte en la frecuencia de buenos sentimientos en el momento de una prueba, imagina el resultado que quieres y siente que ya lo has recibido. Cualquier posible resultado puede ocurrir, pero tienes que estar en una frecuencia de buenos sentimientos para recibir resultados buenos.

"Las posibilidades y los milagros significan lo mismo".

Prentice Mulford (1834-1891)

AUTOR DEL NUEVO PENSAMIENTO

Imagina y siente que tienes la salud que quieres en tu cuerpo. Si quieres restaurarte la vista, da amor por una visión perfecta e imagina que ya la tienes. Da amor por una audición perfecta e imagina que ya la tienes. Da amor por el peso perfecto, la perfecta salud de un órgano, e imagina que ya la tienes, ¡y expresa gratitud por todo lo que tienes! Tu cuerpo cambiará para lo que quieres que sea, pero sólo puede hacerlo mediante sentimientos de amor y gratitud.

Cuando a una mujer joven y en buen estado físico le dijeron que padecía una rara enfermedad del corazón, su vida se derrumbó. De repente se sintió débil y frágil. Su futuro —una vida normal y saludable— había desaparecido con el pronóstico. Estaba aterrada de dejar a sus dos hijas jóvenes huérfanas. Pero esta mujer decidió que iba a hacer todo lo posible por curarse.

Rehusó abrigar cualquier pensamiento negativo acerca de su corazón. Se colocaba la mano derecha en el corazón todos los días e imaginaba que tenía un corazón fuerte y saludable. Cuando despertaba por la mañana daba las más profundas gracias por tener un corazón fuerte y saludable. Imaginaba que el cardiólogo le decía que estaba curada. Hizo esto todos los días durante cuatro meses, y cuando sus cardiólogos le examinaron el corazón cuatro meses después, estaban estupefactos. Examinaron y re-examinaron las pruebas anteriores en comparación con las pruebas nuevas, porque los nuevos exámenes mostraban que el corazón de la mujer estaba perfectamente fuerte y saludable.

Esta mujer vivió de acuerdo con la ley de atracción del amor. No se apropió del pronóstico de un corazón enfermo en su mente, sino que dio amor por un corazón saludable e hizo suyo un corazón saludable. Si estás enfrentando cualquier tipo de enfermedad, haz tu mejor esfuerzo por no apropiártela con pensamientos y palabras. No odies la enfermedad tampoco, porque eso sería darle negatividad. En cambio, dale amor a la salud, apropíate de la salud y hazla tuya.

"Evita lo más que puedas que la mente haga hincapié en tu enfermedad. Piensa en fortaleza y poder y los atraerás hacia ti. Piensa en la salud y la tendrás".

Prentice Mulford (1834-1891)
AUTOR DEL NUEVO PENSAMIENTO

Cada momento que sientes amor por tu salud, ¡la fuerza del amor está eliminando cualquier negatividad en tu cuerpo! Si tienes dificultad en sentirte bien acerca de tu salud, lo que importa es que sientas amor por cualquier cosa. Así que rodéate de todo lo que amas y utiliza esas cosas para sentirte lo mejor posible. Utiliza todo lo que puedas del mundo exterior para sentir amor. Disfruta de películas que te hagan reír y sentir bien, no películas que te hagan sentir tenso o triste. Escucha música que te haga sentir bien. Pídele a la gente que te haga chistes que te hagan reír, o que te cuenten cosas cómicas sobre sus momentos más embarazosos. Tú sabes las cosas que amas. Sabes cuáles son tus cosas favoritas. Sabes lo que te hace feliz, así que usa esas cosas para sentirte lo mejor posible. Usa el Proceso Creativo. Usa las llaves del poder. Recuerda que lo único que hace falta es dar amor y buenos sentimientos un mínimo del 51% del tiempo ¡para alcanzar el punto en que la balanza se inclina a tu favor para cambiarlo todo!

Si quieres ayudar a alguien que está enfermo, puedes utilizar el Proceso Creativo e imaginar y sentir que se le restaura la salud a plenitud. Aunque no puedas sobreponerte a lo que otra persona está dando a la ley de atracción, tu poder puede ayudarla a elevarse a la frecuencia en la que pueda recibir salud.

La belleza viene del amor

"Según el amor crece dentro de ti, así crece también la belleza. Porque el amor es la belleza del alma".

San Agustín De Hippo (354-430)
TEÓLOGO Y OBISPO

Toda la belleza viene de la fuerza del amor. Una belleza ilimitada está a tu alcance a través del amor, pero el problema es que la mayoría de las personas les encuentran defectos y critican sus cuerpos más de lo que los aprecian. ¡Ver tus propios defectos y sentirte infeliz sobre cualquier cosa en tu cuerpo no te trae belleza! Lo único que te trae es más defectos y más infelicidad.

El negocio de la belleza es enorme; sin embargo, una belleza ilimitada se derrama sobre ti cada segundo. ¡Pero tienes que dar amor para recibirla! Mientras más feliz eres, más belleza tendrás. Las arrugas desaparecen, la piel se te estira y se vuelve radiante, el pelo se te pone más grueso y fuerte, tus ojos comienzan a brillar y su color se intensifica. Y más que cualquier otra cosa, verás la prueba de que la belleza viene del amor cuando la gente se siente atraída hacia ti dondequiera que vas.

Realmente tu edad es la que sientes

Los textos antiguos dicen que hubo un tiempo en que las personas vivían cientos y cientos de años. Algunos vivían ochocientos años, otros vivían quinientos o seiscientos, pero la longevidad era común. Entonces, ¿qué ocurrió? La gente cambió sus creencias. En lugar de creer que vivirían cientos y cientos de años, la gente cambió sus creencias a través de generaciones hasta que llegaron a creer en una reducida expectativa de vida.

Hemos heredado esas creencias sobre una reducida expectativa de vida. Desde que nacemos, la creencia sobre cuánto podemos vivir ha sido integrada al tejido de nuestras mentes y corazones. Y de ahí programamos literalmente nuestros cuerpos desde muy temprana edad para vivir cierta cantidad de tiempo, y nuestros cuerpos envejecen de acuerdo con el modo en que los programamos.

"Todavía no se ha encontrado nada en la biología
que indique la inevitabilidad de la muerte. Esto
me sugiere que no es inevitable en lo absoluto y que
es sólo una cuestión de tiempo para que los biólogos
descubran lo que nos está causando el problema".

Richard Feynman (1918-1988)
FÍSICO CUÁNTICO GANADOR DEL PREMIO NOBEL

Si te es posible, no le pongas límite al tiempo que puedes
vivir. Lo único que hace falta es que una persona rompa los
límites de la expectativa de vida, y esa persona cambiará el
curso de la expectativa de vida para toda la humanidad. Una
persona tras otra lo seguirán, porque cuando una persona
sobrepasa la actual expectativa de vida, otras personas creerán
y sentirán que también ellos podrán hacerlo, ¡y lo harán!

Cuando crees y sientes que la vejez y el deterioro son
inevitables, entonces lo serán. Tus células, tus órganos y tu
cuerpo recibe tus creencias y sentimientos. *Siéntete* joven
y deja de sentir tu edad. Sentir tu edad no es más que una
creencia que te han dado y un programa que han instalado en
tu cuerpo. Puedes cambiar las instrucciones que estás dando
cuando quieras, ¡simplemente cambiando tu creencia!

¿Cómo cambias tus creencias? ¡Dando amor! Las creencias
negativas, como las creencias sobre límites, la vejez o la
enfermedad, no vienen del amor. Cuando das amor, cuando te

sientes bien, el amor disuelve toda negatividad, incluyendo las creencias negativas que te hacen daño.

"El amor que se derrama sobre todos es el verdadero elixir de la vida, la fuente de longevidad corporal. Es la falta de esto lo que siempre produce el sentimiento de la edad".

Josiah Gilbert Holland (1819-1881)

AUTOR

El amor es verdad

Cuando eras un niñito, eras flexible y maleable porque no habías formado o aceptado tantas creencias negativas acerca de la vida. Según fuiste creciendo, adoptaste más sentimientos de limitación y negatividad, lo cual te hizo más firme en tus maneras y menos flexible. Ésa no es una vida formidable; ésa es una vida limitada.

Mientras más amas, la fuerza del amor más disolverá la negatividad que hay en tu cuerpo y en tu mente. Y puedes sentir cómo el amor va disolviendo todo lo negativo cuando estás feliz, agradecido y contento. ¡Lo puedes sentir! Te sientes ligero, te sientes invencible y te sientes en la cima del mundo.

Según vas dando más y más amor, notarás que empiezan a ocurrir cambios en tu cuerpo. La comida te sabe mejor, los colores se vuelven más brillantes, los sonidos se hacen más claros, las verrugas o pequeñas marcas que tienes en el cuerpo comienzan a deshacerse y desaparecer. Tu cuerpo comenzará a sentirse más flexible; la rigidez y el chirriar de tus huesos comenzarán a borrarse. Cuando das amor y vives los milagros de tu cuerpo, ¡no te quedará duda de que el amor es la fuente de la salud!

El amor está detrás de cada milagro

Los milagros son la fuerza del amor en acción. Los milagros ocurren cuando uno se aleja de la negatividad y se concentra sólo en el amor. Aunque hayas sido un pesimista toda tu vida, nunca es demasiado tarde.

Un hombre se describió a sí mismo como un pesimista. Cuando su esposa lo sorprendió con la noticia de que iban a tener su tercer hijo, cada uno de sus pensamientos giró en torno al impacto negativo que un tercer hijo tendría en sus vidas. Pero de lo que no se dio cuenta exactamente era los resultados que producirían para él estos pensamientos y sentimientos negativos.

En el momento en que había apenas sobrepasado la mitad del embarazo, su esposa tuvo que ser llevada urgentemente al hospital y hubo que hacerle una operación cesárea para recibir al bebé. Tres diferentes especialistas dijeron que con sólo veintitrés semanas de gestación el bebé tenía cero posibilidades de sobrevivir. El hombre cayó de rodillas. Nunca imaginó perder a un hijo.

Después de la cesárea, el padre fue llevado a un lado de la habitación para ver a su hijo, el bebé más pequeño que había visto en su vida. Su hijo medía 10 pulgadas de largo y pesaba sólo 12 onzas. El personal médico trató de inflarle los pulmones al bebé con un ventilador, pero su ritmo cardíaco estaba disminuyendo. El especialista le dijo que no había nada que ellos pudieran hacer. El padre sintió que su mente gritaba: "¡Por favor!". En ese preciso momento, el ventilador le infló los pulmones al niño y su ritmo cardíaco comenzó a acelerar.

Pasaron días. Todos los médicos del hospital continuaban diciendo que el bebé no sobreviviría. Pero este hombre que había sido un pesimista toda su vida comenzó a imaginar lo que quería. Cada noche, cuando se iba a la cama, imaginaba que la luz del amor brillaba sobre su hijo. Cuando se despertaba por la mañana le daba gracias a Dios porque su hijo había sobrevivido una noche más.

Cada día su hijo mejoraba y superaba todo obstáculo que surgía. Tras cuatro extenuantes meses en cuidados intensivos, su esposa y él pudieron llevarse el bebé — al que le habían dado 0% de posibilidades de sobrevivir— a su casa.

El amor está detrás de cada milagro.

PUNTOS DE PODER

- *Lo que continuamente das a tu cuerpo con tus creencias o sentimientos fuertes, lo recibes en tu cuerpo. Cada sentimiento que tienes satura cada célula y órgano de todo tu cuerpo.*

- *Eres el monarca de un reino, y tus células son tus más fieles súbditos para servirte sin hacer preguntas, así que cualquier cosa que piensas y sientes se convierte en la ley de tu reino: la ley dentro de tu cuerpo.*

- *Cuando das pensamientos y sentimientos negativos sobre lo que no quieres, ¡disminuye la fuerza de la salud de tus células! Cuando sientes amor hacia cualquier cosa —un día soleado, una nueva casa, un amigo o una promoción— tu cuerpo recibe la fuerza plena de la salud.*

- *La gratitud es la gran multiplicadora, así que da gracias por tu salud cada día.*

- *Da gracias con todo tu corazón por lo que te gusta de tu cuerpo e ignora lo que no te gusta.*

- *Para que tu salud mejore, dale amor más del 50% del tiempo. Con sólo 51% inclinarás la balanza y pasarás de la enfermedad a la salud.*

- *Si padeces de alguna enfermedad, haz lo posible por no hacerla tuya con tus pensamientos y palabras. En cambio, dale amor a la salud y hazla tuya.*

- *Dale amor al peso perfecto, al cuerpo perfecto, a la perfecta salud de un órgano, ¡imagina que lo tienes y expresa gratitud por todo lo que tienes!*

- *Si crees que tu cuerpo se va a deteriorar con la edad, estás dando esa creencia y la ley de atracción debe devolverte esas circunstancias.*

- *Siéntete joven y deja de sentir tu edad.*

- *Tu cuerpo se convertirá en lo que quieres a través de tus sentimientos de amor y gratitud.*

EL PODER
Y TÚ

"El poder para la felicidad, para lo bueno, para todo lo que necesitamos de la vida está dentro de cada uno de nosotros. El poder está ahí: el poder ilimitado".

Robert Collier (1885-1950)

AUTOR DEL NUEVO PENSAMIENTO

Todo tiene una frecuencia. ¡Todo! Cada palabra tiene una frecuencia, cada sonido, cada color, cada árbol, animal, planta, mineral, cada objeto material. Cada tipo de alimento y líquido tiene una frecuencia. Cada sitio, ciudad y país tiene una frecuencia. Los elementos del aire, fuego, tierra y agua, todos tienen frecuencias. La salud, las enfermedades, la abundancia de dinero, el éxito y el fracaso, todos tienen frecuencias. Cada hecho, situación y circunstancia tiene una frecuencia. Hasta tu nombre tiene una frecuencia. ¡Pero el verdadero nombre de tu frecuencia es lo que estás sintiendo! Y cualquier cosa que estás sintiendo te está trayendo *todo* lo que en tu vida tiene una frecuencia similar a la tuya.

Cuando te sientes feliz y continúas sintiéndote feliz, entonces sólo las personas, circunstancias y hechos felices pueden entrar en tu vida. Si te sientes estresado, entonces sólo puede llegarte más estrés a tu vida a través de personas, circunstancias y hechos. Has visto esto ocurrir cuando te apuras porque se te ha hecho tarde. La prisa es un sentimiento negativo, y tan seguro como que el sol brilla, cuando te apuras y temes llegar tarde, traes cada demora y obstáculo a tu camino. Es la ley de atracción funcionando en tu vida.

¿Ves lo importante que es sentirte bien antes de que empiece tu día? Si no tomas tiempo para sentirte bien, entonces no puedes recibir cosas buenas en tu día. Y una vez que las cosas negativas llegan, toma mucho más esfuerzo cambiarlas, porque una vez que las tienes delante, ¡te las crees de verdad! Es mucho más fácil tomar tiempo para sentirte bien para que no te lleguen. Puedes cambiar cualquier cosa en tu vida por la manera de sentirte, pero ¿no es una mejor idea que te lleguen más cosas buenas primero?

¡Ve la película de tu vida!

¡La vida es mágica! Lo que ocurre en un día de tu vida es más mágico que cualquier película de fantasía que puedas ver, pero tienes que *ver* lo que está ocurriendo con la misma concentración que cuando ves una película. Si estás viendo una película y te distraes con una llamada telefónica o te quedas dormido, te pierdes lo que ocurre. Lo mismo pasa con la película de tu vida que está constantemente viéndose en la pantalla de tu día. Si andas caminando dormido y no estás alerta, ¡te pierdes los mensajes y sincronizaciones que te están hablando constantemente para guiarte y dirigirte en tu vida!

La vida te está respondiendo. La vida se está comunicando contigo. No existen los accidentes ni las coincidencias: cada cosa tiene una frecuencia, y cuando algo viene a tu vida, significa que está en la misma frecuencia que tú estás. Todo lo que ves —cada señal, color, persona, objeto—, todo lo que oyes, cada circunstancia y hecho está en tu frecuencia.

"Son tan insólitos los hechos en esta conexión que parecería que el Creador mismo hubiera diseñado eléctricamente este planeta".

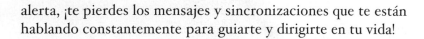 (1856-1943)

INVENTOR DE LA RADIO Y LA CORRIENTE ALTERNA

Tú sabes que cuando vas manejando y ves un automóvil de la policía, de repente te pones más alerta. Hay una razón por la que has visto el automóvil de la policía y lo más probable es que te está diciendo: "¡Pon más atención!". Es posible que ver el automóvil de la policía signifique mucho más aún para ti, pero para saberlo tienes que hacerte la pregunta: ¿Qué me está diciendo esto? La policía representa la ley y el orden, por lo cual el automóvil de la policía puede ser un mensaje sobre algo que está fuera de orden en tu vida, como devolverle la llamada a un amigo, por ejemplo, o darle las gracias a alguien por algo.

Cuando oyes la sirena de una ambulancia, ¿qué te está diciendo? ¿Te está diciendo que seas más agradecido por tu salud? ¿Te está recordando que debes dar amor y gracias por la salud de las personas en tu vida? Cuando ves un camión de bomberos pasar a toda prisa por tu lado con sus luces prendidas y sonando su sirena, ¿qué te está *diciendo*? ¿Te está diciendo acaso que hay un fuego en algún lugar en tu vida que tienes que apagar? ¿O te está diciendo que pongas más ardor en tu vida romántica? Sólo tú puedes saber el significado de las cosas que entran en tu vida, pero tienes que estar alerta sobre lo que está ocurriendo alrededor tuyo para poder hacer preguntas y recibir el significado de ese mensaje para ti.

Te están dando mensajes y reacciones constantemente, ¡y has estado recibiendo esos mensajes *toda* tu vida! Cada vez que oigo algo, aunque sea una conversación entre dos extraños cerca de mí, si puedo oír sus palabras es que esas palabras tienen un significado en mi vida. Sus palabras son un mensaje para mí, son relevantes y me brindan una reacción sobre mi vida. Si estoy de viaje y leo las palabras en un letrero, esas palabras tienen un significado para mí, tienen un mensaje para mí y me son relevantes. Son relevantes para mí porque estoy en la misma frecuencia que ellas. Si yo estuviera en una frecuencia diferente, no notaría el letrero ni estaría a una distancia en que pudiera oír esa conversación.

Cada cosa que me rodea en mi día me está hablando, dándome constantes reacciones y mensajes. Si noto que las personas a mi alrededor no están felices ni sonriendo mucho, me doy cuenta de que mi frecuencia ha decaído y enseguida pienso en las cosas que amo, una tras otra, hasta que me siento más feliz.

"Necesitamos ser el cambio que deseamos ver en el mundo".

Mahatma Gandhi (1869-1948)
LÍDER POLÍTICO INDIO

Tu símbolo secreto

Puedes jugar con la ley de atracción pidiendo ver evidencia física de la fuerza del amor. Piensa en algo que amas, y hazlo tu símbolo de la fuerza del amor. Cuando veas tu símbolo o lo oigas, sabrás que la fuerza del amor está contigo. Yo uso luz luminosa y brillante como mi símbolo, de modo que si el sol me da en los ojos o su luz coloca un reflejo en mis ojos, o veo algo que refleja luz y brilla, sé que es la fuerza del amor y que está conmigo. Cuando estoy rebosante de alegría y llena de amor, la luz se refleja en todo lo que me rodea. Mi hermana usa un arco iris como su símbolo, y cuando está desbordándose de amor y gratitud, dondequiera que mira, ve un arco iris de luz y todo tipo de arco iris alrededor de ella. Puedes usar estrellas, oro, plata, cualquier color, animales, aves, árboles o la flor que te gusta como tu símbolo. Puedes escoger palabras o sonidos como tu símbolo secreto. Sólo tienes que asegurarte de que cualquier cosa que escojas sea algo que absolutamente amas y adoras.

Si quieres, puedes también escoger un símbolo como una señal de advertencia que la fuerza de amor te haga a ti, diciéndote que prestes atención. En verdad, estás recibiendo mensajes y advertencias todo el tiempo. Cuando se te cae algo, tropiezas, te enganchas la ropa con algo, te caes; ¡todas son advertencias y mensajes que estás recibiendo para que dejes de pensar lo que estás pensando y sentir lo que estás sintiendo! No existen accidentes ni coincidencias en la vida —todo es sincronización—, porque todo tiene una frecuencia. Es simplemente la física de la vida en el universo en acción.

> *"Cuando observo el sistema solar, veo la tierra a la distancia correcta del sol para recibir la cantidad adecuada de calor y luz. Esto no ocurrió por casualidad".*

Isaac Newton (1643-1727)

MATEMÁTICO Y FÍSICO

La vida es mágica

El amor y yo tenemos algo entre nosotros y es la relación más mágica y emocionante que se puede tener. Quiero compartir contigo cómo vivo cada día con este conocimiento.

Cuando despierto cada mañana, estoy agradecida por estar viva y por cada persona y cosa presente en mi vida. Uso quince minutos cada mañana para sentir amor y enviarlo al mundo.

Imagino mi día. Imagino y siento amor para que mi día sea bueno. Imagino y siento amor para que cada cosa en mi día salga bien antes de hacerla. ¡Sitúo la fuerza del amor delante de mí en todo lo que hago sintiendo amor dentro de mí lo más que puedo *antes* de hacer nada! No abro correos electrónicos ni paquetes, ni hago o recibo llamadas importantes, ni hago nada importante a menos que me esté sintiendo bien.

Cuando me visto por la mañana siento enorme gratitud por mi ropa. Para ahorrar tiempo también hago la pregunta: "¿Cuál es la combinación perfecta que debo ponerme hoy?". Hace algunos años decidí jugar con la ley de atracción y mi ropero. En lugar de tratar de debatir si esta falda me combinaba con esa blusa, y algunas veces probándome cosas y quitándomelas una y otra vez porque no se veían bien (lo cual atrae que más cosas no funcionen), decidí poner mi estilo en manos de la fuerza del amor. De modo que todo lo que hacía era *imaginar* que iba a *sentir* que todo lo que me pusiera iba a lucir fenomenal. Después de imaginarlo, sentirlo y hacerme la pregunta: "¿Qué voy a ponerme hoy?", ahora entro en un estado de asombro de lo bien que me queda la ropa que me pongo y lo bien que me siento cuando me visto.

Permanezco consciente cuando camino por la calle y observo a la gente con la que me cruzo. Envío pensamientos

y sentimientos de amor al mayor número de personas posible. Miro la cara de cada persona, siento amor dentro de mí y las imagino recibiéndolo. Sé que la fuerza del amor es la fuente de abundante dinero, relaciones felices, buenísima salud y cualquier cosa que cualquier persona ama, así que le envío amor a la gente porque sé que, haciéndolo, estoy enviándole todo lo que necesita.

Cuando veo a una persona que parece tener una necesidad particular, alguien a quien no le alcanza el dinero para comprar algo que quiere, por ejemplo, le mando pensamientos de dinero abundante. Si una persona parece estar enojada, le mando felicidad. Si alguien parece estar estresado y de prisa, le mando pensamientos de paz y alegría. Si estoy comprando víveres en el supermercado, caminando por la calle o manejando, dondequiera que estoy entre otras personas, hago mi mejor esfuerzo por enviarles amor. Sé también que cuando veo a alguien con una necesidad particular, es también un mensaje para mí de estar agradecida por el dinero, la felicidad, la paz y la alegría que hay en mi vida.

Cuando estoy en un avión, le envío amor a todos. Cuando estoy en un restaurante, envío amor a la gente y a la comida. Cuando estoy tratando con organizaciones o compañías, o cuando estoy de compras, envío amor a todos.

Cuando me monto en mi automóvil para ir a cualquier parte, me imagino regresando a mi casa feliz y bien, y digo: "Gracias". Cuando salgo en mi automóvil, me pregunto: "¿Cuál es el mejor camino para llegar adonde voy?". Cada vez que entro y salgo de mi casa, digo "gracias" por mi hogar. Cuando estoy de compras en el supermercado, me pregunto: "¿Qué más necesito comprar?" y "¿Ya lo compré todo?". Siempre recibo las respuestas.

> *"Ciertamente, el conocimiento es una cerradura cuya llave es la pregunta".*

> *Ja'far al-Sadiq* (702-765)
> LÍDER ESPIRITUAL ISLÁMICO

Cada día hago muchas preguntas, a veces cientos de preguntas. Pregunto: "¿Cómo está mi día hoy?", "¿Qué debo hacer en esta situación?", "¿Cuál es mi mejor decisión?", "¿Cuál es la solución de este problema?", "Cuál es mi mejor opción?", "¿Tiene razón esta persona o esta compañía?", "¿Cómo puedo sentirme mejor?", "¿Cómo puedo elevar más mis sentimientos?", "¿Dónde necesito dar amor hoy?", "¿Qué puedo ver por lo cual estoy agradecida?".

Cuando haces una pregunta, estás *dando* una pregunta, ¡y debes *recibir* la respuesta! Pero tienes que estar alerta y consciente para ver y oír las respuestas a tus preguntas. Puedes recibir la respuesta leyendo algo, oyendo algo o soñando algo. A veces la respuesta a tu pregunta te llega repentinamente. ¡Pero siempre recibirás la respuesta!

Si no encuentro algo, como mis llaves, pregunto: "¿Dónde están mis llaves?". Siempre recibo la respuesta. Pero el asunto no para ahí. Cuando encuentro las llaves, pregunto: "¿Qué me está diciendo esto?". En otras palabras, ¿por qué no encontraba mis llaves? ¡Porque hay una razón para todo! No existen accidentes ni coincidencias. A veces la respuesta que recibo es: "Ve más despacio, andas de prisa". A veces la respuesta es: "Tu billetera no está en tu cartera" y miro alrededor en la habitación donde encontré las llaves y ahí está mi billetera. A veces no recibo la respuesta inmediatamente, pero cuando estoy saliendo de la casa, el teléfono suena y es para cancelar la cita a la que me dirigía. Inmediatamente sé que perder las llaves había ocurrido por una razón positiva. Me encanta la manera en que la vida funciona, ¡pero no puedes recibir respuestas o reacciones a menos que hagas preguntas!

A veces la vida puede lanzarme alguna situación delicada, pero cuando esto ocurre sé que la atraje hacia mí. Siempre pregunto cómo he atraído algún problema para aprender la lección ¡a fin de no volverlo a hacer!

A cambio de todo lo que recibo, le doy mi amor al mundo lo más que puedo. Busco lo bueno en todas las cosas y personas. Estoy agradecida por todo. Y al dar amor, siento que la fuerza del amor me llega y me llena de tanto amor y alegría que me deja sin aliento. Aun cuando tratas de dar amor por algo que has recibido, ¡la fuerza del amor multiplica ese amor y te devuelve mucho *más* amor todavía! Cuando sientes que te ocurre esto una vez en tu vida, nunca volverás a ser la misma persona.

El amor hará cualquier cosa por ti

Puedes aprovechar la fuerza del amor para ayudarte con cualquier cosa en la vida. Puedes entregar cualquier cosa que necesitas recordar y pedirle a la fuerza del amor que te lo recuerde en el momento preciso. Puedes hacer que la fuerza del amor sea tu reloj despertador para despabilarte cuando así lo quieras. La fuerza del amor será tu asistente personal, tu asesor financiero, tu entrenador personal, tu consejero en las relaciones, y administrará tu dinero, tu peso, tu comida, tus relaciones o cualquier otra tarea que quieras asignarle.

¡Pero sólo hará esas cosas por ti cuando te unas a ella a través de amor, apreciación y gratitud! Sólo hará estas cosas por ti cuando unas tu fuerza en ella a través del amor y dejes de aferrarte persistentemente a la vida tratando de controlar todas las cosas que posees.

"Según tu fe se fortalece, encontrarás que ya no hay necesidad de tener un sentido de control, que las cosas fluirán libremente y que tú fluirás con ellas para tu gran deleite y beneficio".

Wingate Paine (1915-1987)

AUTOR Y FOTÓGRAFO

Une tus fuerzas a la mayor fuerza de la vida. Y cualquier cosa que quieras que la fuerza del amor haga por ti, imagina que ya lo ha hecho, siente que ya es tuya con amor absoluto y gratitud, y la recibirás.

Usa tu imaginación y piensa en todas las cosas que la fuerza del amor puede hacer por ti. La fuerza del amor es *la* inteligencia de la vida y el universo. Si puedes imaginar la inteligencia capaz de crear una flor o una célula en un cuerpo humano, entonces apreciarás que no hay una sola pregunta que puedas hacer a la que no recibas la respuesta perfecta para cualquier situación en que te encuentres. El amor hará cualquier cosa por ti, pero tienes que unirte a él a través del amor para realizar su poder en tu vida.

¿Qué importancia tiene?

"En el desorden, encuentra simplicidad. En la discordia, encuentra armonía. En medio de dificultades yace la oportunidad".

Albert Einstein (1879-1955)

FÍSICO GANADOR DEL PREMIO NOBEL

Si tu mente está abrumada con demasiados detalles, los pequeños detalles te distraerán y te abatirán. Tu mente no puede dedicarse a sentirse bien si andas obsesionado por pequeños detalles sin importancia. ¿Qué importancia tiene realmente llevar la ropa a la tintorería antes de que cierren? ¿Qué importancia tiene en *tu* vida que tu equipo deportivo no haya ganado esta semana? Siempre tendrá oportunidad de ganar la semana próxima. ¿Qué importa si se te va el autobús? ¿Qué importa si se acabaron las naranjas en el supermercado? ¿Qué importa si tienes que esperar en una fila algunos minutos? En el más amplio concepto de la vida, ¿qué importancia tienen esas pequeñas cosas?

Los pequeños detalles te distraen y pueden sabotear tu vida. Si le das mucha importancia a detalles innecesarios, no te sentirás bien. ¡Ninguna de esas cosas importan en el concepto de la vida! ¡Ni una sola de ellas! Simplifica tu vida. Hazlo para proteger tus buenos sentimientos. Hazlo porque cuando descartas los pequeños detalles, creas espacio para todo lo que quieres introducir en tu vida.

Le das significado a la vida

Tú le das el significado a todo en la vida. Ninguna
situación trae una etiqueta que muestra si es buena o mala.
Todo es neutral. Un arco iris y una tormenta no son ni buenos
ni malos; son simplemente un arco iris y una tormenta. Tú le
das significado al arco iris por la manera en que te hace sentir.
Le das significado a una tormenta por la manera en que te
sientes acerca de ella. Le das significado a todo por la manera
en que te sientes. Un trabajo no es bueno ni malo; es sólo
un trabajo, pero tu manera de sentirte acerca de tu trabajo
determina si será bueno o malo para ti. Una relación no es
buena ni mala; es sólo una relación, pero tu manera de sentirte
acerca de una relación determina si será buena o mala para ti.

*"Nada es bueno ni malo, pero lo que pensamos lo
define".*

William Shakespeare (1564-1616)

DRAMATURGO INGLÉS

Si alguien le hace daño a otra persona, la ley de atracción
responde indefectiblemente. Tal vez use la policía o las leyes
o un número de otras maneras para devolverle a la persona
exactamente lo que dio, pero una cosa es cierta con la ley de
atracción: recibimos de vuelta lo que damos. Si oyes que alguien
le ha hecho daño a otra persona, siente compasión por la
persona lastimada, pero no juzgues a nadie. Si juzgas a alguien
y piensas que esa persona es mala, no estás dando amor. Y al

pensar que alguien es malo, te has puesto una etiqueta de malo a ti mismo. Cualquier cosa que das, la *recibes*. Cuando das malos sentimientos sobre alguien, no importa lo que esa persona haya hecho, ¡esos malos sentimientos regresan a *ti*! Regresan a ti con la misma fuerza con la que los enviaste, creando circunstancias negativas en *tu* vida. ¡Para la fuerza del amor no existen excusas!

"La vida que emana con amor hacia toda la vida es la vida que está llena, rica y continuamente expandiéndose en belleza y poder".

Ralph Waldo Trine (1866-1958)

AUTOR DEL NUEVO PENSAMIENTO

El amor es el poder para el mundo

La fuerza del amor no tiene contrario. No existe otro poder en la vida excepto el amor. No existe una fuerza de negatividad. En los tiempos antiguos, la negatividad se describía a veces como "el diablo" o "la maldad". Ser tentado por la maldad o el diablo sencillamente significaba caer en la tentación de incurrir en pensamientos y sentimientos negativos, en lugar de resistir con firmeza en la fuerza positiva del amor. No existe una fuerza de negatividad. Sólo hay una fuerza, y esa es la fuerza del amor.

Todas las cosas negativas que ves en el mundo son siempre, siempre, manifestaciones de falta de amor. Sea que

esa negatividad esté en una persona, sitio, circunstancia o hecho, siempre ha surgido de la falta de amor. No existe una fuerza de la tristeza; la tristeza es una ausencia de felicidad, y toda felicidad viene del amor. No hay una fuerza del fracaso; el fracaso es la ausencia de éxito, y todo éxito viene del amor. No hay una fuerza de la enfermedad; la enfermedad es la falta de salud, y toda salud viene del amor. No hay una fuerza de la pobreza; la pobreza es la falta de abundancia, y toda abundancia viene del amor. El amor es la fuerza positiva de la vida, y *cualquier* condición negativa viene *siempre* de la falta de amor.

Cuando las personas alcancen el punto clave en que den más amor que negatividad, veremos la negatividad desaparecer del planeta a toda velocidad. ¡Imagínalo! Cada vez que escojas dar amor, ¡tu amor está ayudando a que el mundo entero se incline hacia el positivismo! Alguna gente cree que ya estamos muy cerca de ese punto clave. Tengan razón o no, *ahora*, más que nunca antes, es el momento de dar amor y positivismo. Hazlo por tu vida. Hazlo por tu país. Hazlo por el mundo.

> *"Cuando el corazón marcha bien, entonces la vida personal se cultiva. Cuando la vida personal se cultiva, entonces la vida en el hogar se regula. Cuando la vida en el hogar se regula, entonces la vida nacional tiene orden: y cuando la vida nacional tiene orden, entonces el mundo está en paz".*

Confucio (551-479 AC)
FILÓSOFO CHINO

Tienes tanto poder en el mundo porque tienes mucho amor que puedes dar.

PUNTOS DE PODER

- *Todo tiene una frecuencia. ¡Todo! Y cualquier cosa que estás sintiendo está trayendo a tu vida todo lo que está en una frecuencia similar a la tuya.*

- *La vida te responde. La vida se está comunicando contigo. Todo lo que ves —toda señal, color, persona, objeto—, todo lo que oyes, cada circunstancia y hecho, está en tu frecuencia.*

- *Cuando te sientes feliz, y continúas sintiéndote feliz, entonces sólo las personas, circunstancias y hechos felices pueden entrar en tu vida.*

- *No existen accidentes ni coincidencias en la vida —todo es sincronización— porque todo tiene una frecuencia. Es simplemente la física en la vida y el universo en acción.*

- *Piensa en algo que amas y conviértelo en tu símbolo de la fuerza del amor. Cada vez que veas tu símbolo o lo oigas, sabrás que la fuerza del amor está contigo.*

- *Sitúa la fuerza del amor delante de ti en todo lo que haces. Imagina que cada cosa en tu día marcha bien, y siente amor dentro de ti lo más que puedas antes de hacer algo.*

- *Haz preguntas cada día. Cuando lo haces, estás ofreciendo una pregunta, ¡y debes recibir la respuesta!*

- *Aprovecha la fuerza del amor para que te ayude con todo en la vida. Que sea tu asistente personal, tu asesor financiero, entrenador personal y consejero en las relaciones.*

- *Si tu mente está consumida con demasiados detalles, estos te distraerán y te harán caer. Simplifica tu vida y no des mucha importancia a las pequeñas cosas. ¿Qué importancia tienen?*

- *La fuerza del amor no tiene contrario. No existe otro poder en la vida excepto el amor. Todas las cosas negativas que ves en el mundo obedecen siempre, siempre, a una falta de amor.*

EL PODER
Y LA VIDA

Un ser humano no puede imaginar que *no* existe. Podemos imaginar nuestro cuerpo sin vida, pero simplemente no podemos imaginar que no existe. ¿Por qué pienso que esto es así? ¿Piensas acaso que es una chiripa de la naturaleza? No lo es. ¡No puedes imaginar que no existes porque es imposible que no existas! Si pudieras imaginarlo, lo podrías crear, y eso nunca podrá ocurrir! Siempre has existido y siempre existirás porque eres parte de la creación.

> *"Nunca ha habido un tiempo en que tú y yo y los reyes aquí reunidos no hayan existido, ni habrá un tiempo en que dejen de existir. Tal como la misma persona habita en el cuerpo a través de la infancia, la juventud y la vejez, así también en el momento de la muerte, adquiere otro cuerpo. Los sabios no se dejan engañar por estos cambios".*

> *Bhagavad Gita* (SIGLO 5 AC)
> ANTIGUO TEXTO HINDÚ

Entonces, ¿qué ocurre cuando una persona muere? El cuerpo no va a una inexistencia, porque no existe tal cosa. Se integra con los elementos. Y el ser que está dentro de ti —tu *verdadero* yo— tampoco va hacia una inexistencia. La sola palabra "ser" ¡te dice que siempre serás! ¡No eres un humano que ha "sido"! Eres un eterno ser viviendo temporalmente en un cuerpo humano. Si dejaras de existir, habría un espacio vacío en el universo, y el universo entero sufriría un colapso en ese espacio vacío.

La única razón por la que no puedes ver a otro ser después de haber abandonado su cuerpo es que no puedes ver la frecuencia del amor. Tampoco puedes ver la frecuencia de la luz ultravioleta, y la frecuencia del amor, que es la frecuencia en que están esos seres, es la frecuencia más alta de la creación. El más extraordinario equipo científico del mundo no puede ni remotamente estar próximo a detectar la frecuencia del amor. Pero recuerda que tú sí puedes *sentir* amor, así que si hay personas a quienes ya no puedes ver, las puedes sentir en la frecuencia del amor. No las puedes sentir en el duelo y la desesperanza porque esas frecuencias no están remotamente cerca de la frecuencia en que esas personas están. Pero cuando estás en las más altas frecuencias del amor y la gratitud, las puedes sentir. Nunca están lejos de ti y tú nunca te separas de ellas. Estás siempre conectado con *todo* en la vida a través de la fuerza del amor.

El cielo está dentro de ti

"Todos los principios del cielo y la tierra viven dentro de ti".

Morihei Ueshiba (1883-1969)

FUNDADOR DE LAS ARTES MARCIALES AIKIDO

Los textos antiguos dicen que "el cielo está dentro de ti", a lo que se refieren es a la frecuencia de tu ser. Cuando abandonas tu cuerpo humano, entras automáticamente en la frecuencia más alta de amor puro, porque esa es la frecuencia de tu ser. En los tiempos antiguos esta frecuencia más alta de amor puro se llamaba cielo.

Pero el cielo es algo que puedes encontrar aquí en esta vida, no cuando tu cuerpo muere. Puedes encontrar el cielo aquí, mientras estás en la Tierra. Y en verdad el cielo está dentro de ti, porque el cielo es la frecuencia de tu ser. Encontrar el cielo en la Tierra es vivir tu vida en la misma frecuencia de tu ser: amor puro y alegría.

Por el amor de la vida

*"La pregunta no es realmente si sigues adelante o no,
sino más bien, ¿lo vas a disfrutar?"*

Robert Thurman (N. 1941)

ESCRITOR Y ACADÉMICO BUDISTA

Eres un ser eterno. Tienes todo el tiempo en el mundo
para vivirlo todo. ¡No te va a faltar el tiempo porque tienes una
eternidad! Tienes tantas aventuras en tu futuro, tantas cosas que
vivir. No sólo aventuras en la Tierra, porque una vez que hemos
llegado a dominar la Tierra, comenzaremos nuevas aventuras
en otros mundos. Hay galaxias, dimensiones y una vida que
no podemos imaginar ahora, pero las viviremos todas. Y las
viviremos juntos porque *nosotros* somos una parte de la creación.
De aquí a miles de millones de años, cuando miremos a la
creación en busca de nuestra próxima aventura, habrá mundos
entre mundos, galaxias entre galaxias y dimensiones ilimitadas
extendiéndose delante de nosotros por toda la eternidad.

Entonces, ¿piensas con todo esto que tal vez tú seas un
poquito más especial que lo que jamás imaginaste? ¿Piensas
quizás que es posible que seas un poco más valioso que lo que
suponías? ¡Tú, todas las personas que conoces y todos los que
han vivido alguna vez no tienen fin!

¿No te dan ganas de abrazar la vida y decir *gracias*? ¿No
te emocionas por las aventuras que tienes por delante? ¿No

quisieras subirte a la cima de una montaña y gritarle *¡Sí!* con alegría a una vida interminable?

El propósito de tu vida

"No tienes causa para nada que no sea gratitud y alegría".

Gautama Buda (563-483 AC)

FUNDADOR DEL BUDISMO

El propósito de tu vida es la alegría, ¿y cuál piensas entonces que sea la alegría más grande de la vida? ¡Dar! Si hace seis años una persona me hubiera dicho que la alegría más grande de la vida era dar, yo le habría dicho: "Eso está bien que lo digas tú. Yo estoy luchando por sobrevivir y apenas me alcanza para vivir, así que no tengo nada que dar".

La alegría más grande en la vida es dar porque, a menos que des, siempre estarás luchando por sobrevivir. La vida estará llena de problemas, uno tras otro, y cuando pienses que todo está marchando bien, alguna otra cosa te ocurrirá que te volverá a hundir en más lucha y dificultades. La alegría más grande de la vida es dar, y sólo hay una cosa que puedes dar: ¡tu amor! Tu amor, tu alegría, tu positivismo, tus emociones, tu gratitud y tu pasión son las cosas verdaderas y eternas en la vida. Todas las riquezas del mundo no pueden siquiera compararse con el regalo más valioso en toda la creación: ¡el amor que llevas dentro!

Da lo mejor de ti. Da tu amor porque es el imán que atrae *todas* las riquezas de la vida. Y tu vida se enriquecerá más de lo que pensaste que sería posible, porque cuando das amor, estás cumpliendo con todo el propósito de tu vida. Cuando das amor, recibirás de vuelta tanto amor y alegría que vas a sentir que es casi más de lo que eres capaz de aceptar. Pero *puedes* aceptar amor y alegría sin límite porque ese es quién eres.

"Algún día cuando los hombres hayan conquistado los vientos, las olas, las mareas y la gravedad, reuniremos para Dios las energías del amor y, entonces, por segunda vez en la historia del mundo, el hombre habrá descubierto el fuego".

Pierre Teilhard de Chardin (1881-1955)

SACERDOTE Y FILÓSOFO

Viniste a este mundo con tu amor, y es la única cosa que te llevarás contigo. Mientras estás aquí, cada vez que escoges lo positivo, cada vez que optas por sentirte bien, estás dando tu amor, y con él iluminas el mundo. Y todo lo que puedes desear, todo lo que seas capaz de soñar, todo lo que amas te seguirá dondequiera que vayas.

Tienes la fuerza más grande del universo dentro de ti. ¡Y con ella, *tendrás* una vida maravillosa!

El Poder está dentro de ti.

El principio

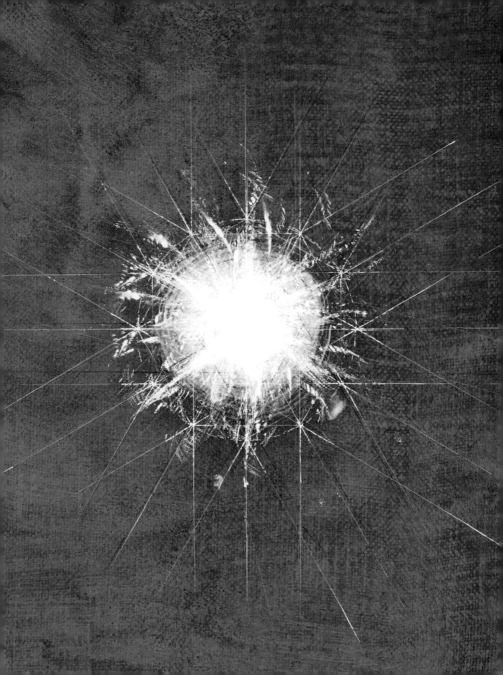

PUNTOS DE PODER

- *Siempre has existido y siempre existirás porque eres parte de la creación.*

- *¡Tú todas las personas que conoces y todas las personas que jamás han vivido no tienen fin!*

- *Encontrar el cielo en la Tierra es vivir tu vida en la misma frecuencia que tu ser: amor puro y alegría.*

- *La alegría más grande de la vida es dar porque, a menos que des, siempre estarás luchando por sobrevivir.*

- *Tu amor, tu alegría, tu positivismo, tus emociones, tu gratitud y tu pasión son las cosas verdaderas y eternas en la vida. Todas las riquezas del mundo no pueden ni remotamente compararse con el regalo más valioso de toda la creación: ¡el amor que llevas dentro!*

- *Da tu amor porque es el imán que atraerá hacia ti todas las riquezas de la vida.*

- *Mientras estás aquí, cada vez que escoges lo positivo, cada vez que optas por sentirte bien, estás dando tu amor, y con él iluminas el mundo.*

*Que El Poder te traiga amor y alegría
durante toda tu existencia.*

Ésa es mi intención para ti y para el mundo.

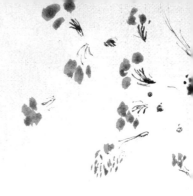

Acerca de la autora

La intención de Rhonda Byrne es: *llevar la alegría a miles de millones de personas.*

Ella empezó su trayectoria con la película *El Secreto,* que millones de personas han visto en todo el planeta. Después siguió con el libro *El Secreto,* un éxito de ventas mundial que ha sido traducido a cuarenta y seis idiomas.

Ahora con *El Poder,* Rhonda Byrne continúa su trabajo innovador al revelar la fuerza más extraordinaria en nuestro universo.